U0926662

团队就该这样带
黄元铭题

以感恩心 做奋进人
南通市公安局收容教育所主题演讲 主讲：三为盛世 管策老师

大成思维引爆者管策大师
思尔乐《引爆总裁领导力》
普通人学外围，
大成者直接进入核心

企业感恩文化建设

经济开发区管理委员会全体干部职工心智培训

管策◎著

中国财富出版社

图书在版编目（CIP）数据

团队，就该这样带 / 管策著. —北京：中国财富出版社，2015.2
（中国100强名师名作）
ISBN 978-7-5047-5529-2

Ⅰ.①团… Ⅱ.①管… Ⅲ.①企业管理—组织管理学 Ⅳ.①F272.9

中国版本图书馆CIP数据核字（2015）第006680号

策划编辑 范虹轶　　**责任印制** 方朋远
责任编辑 邢有涛　单元花　　**责任校对** 梁　凡

出版发行 中国财富出版社
社　　址 北京市丰台区南四环西路188号5区20楼　　**邮政编码** 100070
电　　话 010-52227568（发行部）　　010-52227588转307（总编室）
010-68589540（读者服务部）　　010-52227588转305（质检部）
网　　址 http://www.cfpress.com.cn
经　　销 新华书店
印　　刷 北京京都六环印刷厂
书　　号 ISBN 978-7-5047-5529-2/F·2301
开　　本 710mm×1000mm　1/16　　**版　　次** 2015年2月第1版
印　　张 14.25　　**印　　次** 2015年2月第1次印刷
字　　数 226千字　　**定　　价** 38.00元

序　言

80、90后员工早已不爱听你讲道理了

中华民族的文化博大精深、源远流长，不是叫你不求功、不求利、不求名，而是让你求功要求百世功，求利要求千秋利，求名要求万代名。所以在五千年的历史长河当中，前赴后继涌现出无数不甘平凡的人，因为在他们内心深处都有一个伟大的梦想，即掌控自己的命运，主宰自己的未来，甚至去改造整个世界。

人人都渴望自己能够成为英雄、成为领袖。古往今来，秦始皇、老子、岳飞、毛泽东、蒋介石、苏格拉底、拿破仑、希特勒、本·拉登、奥巴马等都是领袖，只不过有正负面分别而已。但是，领袖都是能够影响别人的人。

一个领袖创造的企业就像一个“帝国”，尤其是民营企业，很多时候，一个人就决定了整个企业的命运。改革开放三十多年来，民营企业已经占据中国经济的半壁江山，但还有许多不成熟的地方，在世界经济大潮面前，企业家自身依然有许多困惑。今天有无数的企业家空有满腔热血和梦想，但却很难影响别人，尤其是影响团队，到底该如何带领团队、影响团队呢?

很多老板总是抱怨公司的员工与自己背道而驰，抱怨团队执行力很弱，造成这种现象的原因就是你没有成为你员工内心的领袖。换句话说，就是你根本不懂他们，更没有从他们的内心深处给予他们希望。

今天的80、90后个性化凸显，他们有独特的优势，也有令人费解的一面。更令很多管理者困惑的是，原本以为自己具备丰富的管理经验，能够带好队伍、影响队伍，却遭遇80、90后员工的不屑。“难道自己说得不在理吗?”管理者时常对自己提出这样的疑问。很多管理者都喜欢通过摆事

实、讲道理来影响员工内心，实际上真正的原因在于80、90后员工早已不爱听你讲道理了！

我曾问我的老师刘逸舟先生："是'有道理'重要，还是'有用'重要？"老师的回答："是后者，在竞争如此激烈的今天，有用当然比有道理重要，在管理工作中一定少讲有道理的话，多讲有用的话。"

在人才管理上卓有成效、不被工作束缚的人，他们通过转变思维方式令自己成为真正的领袖，这类管理者看上去很轻松，团队业绩却保持在较高水平。所以说，当你还不知道如何充分调动人力资源的时候，成功不可能光顾你。

切忌对员工讲"大道理"，这在他们看来一钱不值，事实如此，谁站得角度高，谁就能更高效地处理问题。从这个角度说，管理者要找准问题的突破口，才能使年轻的团队能力获得整体提升。

今天的80、90后已经不可逆转地登上了职业的舞台，成为企业可持续发展的强大后力。他们受到的教育更多，对城市文化有更多的了解，对自身发展有更多的要求，同时也更需要较多的尊重和人文关怀。曾经有关富士康的报道，引起社会公众及企业管理者的广泛关注。富士康事件中逝去的都是一些年轻的生命，他们的年龄在18～23岁，多为80后和90后。富士康事件让人痛心，而逝者已矣，我们活着的人要去做的是更多地思考未来，思考如何让这些80、90后能更快乐地工作，思考如何发挥他们新兴的力量？

作为企业必须思考如何掌握80、90后管理的核心。

1. 不是要改变80、90后，而是60、70后需要改变

改变世界不如改变自己，这是地球人都懂的基本道理，千万别妄想用你说教的观念去改造你的员工，因为他们拒绝接受传统。不要一根筋地想着去改变他们。残酷地说需要改变的不是80、90后，而是60、70后。

那些企图用自己的经验与思想去说教的人，只能是费力不讨好——80、90后不愿意总听到你的唠叨！你唯一能做的是认识这一群人，深入了

解并改变自己与80、90后的相处方式才是关键。未来是属于80、90后的，他们马上就是这个世界的主人，就是现在无数企业未来的主人，他们也许更贴近时代的脉搏，可能你真的不愿意接受这样的事实，但它的确已经存在了。所以要将心比心，而且要不断地改变自己的思想与行为，用他们能接受的方式与他们交流和工作。

面对80、90后除了物质的鼓励外，精神的力量也不可低估。尤其是在一些服务型企业里，好多员工只要感觉不舒服就离职，从不在乎什么保证金，什么后果。作为管理者，放下你的权威及所谓的“尊严”，要积极与他们交流与沟通。他们通常不会因为你的年龄与资历去绝对地服从你，他们会根据自己的判断，去接受你的某些观念与行为。

2. 从内心接纳并主动引导他们

他们年轻活泼、热情丰富、思路开阔、穿着时尚、敢想敢说也敢做，这些都是他们的优点。所以，企业的管理者和人力资源部门，特别是其直接上级，要充分看到他们的长处。避免英雄式、权威式的领导风格，多采用参与式、授权式的领导风格，提高员工参与度，激发其工作活力，也可以加强员工对组织的承诺，降低离职率。

80、90后崇尚个性，拥有激情，要让他们成才，就要让他们自知工作岗位的重要性，知道他们的工作状况对企业的影响。只要能够找到工作驱动力，就能够恰如其分地让他们发挥出自己的热情和才干。

例如，在做建议方案时，主管们可考虑让员工多参与，因为这些员工并不是要求在多大程度上采纳他的意见，而是在多大程度上他们可以参与到决策制定的过程中。

对于管理80、90后员工，要在执行合理的规章制度的大前提下多一些接纳，包括他们的穿着、语言和生活习惯，其实这些没有对错，只是观念不同罢了。别忘了60、70后也曾经穿过那时髦的“喇叭裤”和“高跟鞋”，那也曾经让刚刚进入改革开放的父辈们感觉无法理解。

接纳80、90后并与之和谐相处，这是历史的必然，纵然他们身上还有一些不足，但我们要正视他们的个性、接纳他们的观念、认同他们的价值，这才是积极而正面的做法。磨合是需要的，是作为新一代管理者的必修课。

凝聚和降服有本事的员工做大事是本书的创作初衷，意在帮助企业家、团队管理者改变以往事事亲力亲为的状况，让员工带着万念归一的立场主动完成自己的工作，并富有创意。此时，管理者便有更多时间充实自己，为创建更大的平台做准备。

管理者的责任就是带好团队，如何才能带出优秀的团队，简单地说，你的工作就是将“庸才”变成“将才”，如果员工本身就很优秀，那要管理者做什么呢?

本书正是为了指导身处团队核心位置的企业家及各阶层管理人士，通过案例和论述讲述了充实、详细的学习方法，给予员工引导和希望。真正的领袖从不干涉具体工作，却能帮助员工转化思维方式，用更短的时间做出更多业绩。希望朋友们能通过修炼，早日建成一支极富竞争力的团队。

本书包括六大章节，内容由浅入深，全方位指导读者成为真正的领袖，带领你从了解“领袖思维”开始，过度到“选兵选将环节”，再全力打造“将才”，同时让员工“心服口服”地完成工作，并掌握“团队核心”，做到每每触及员工的情感线，最终都把这些经验积累起来，让自己成为“能带任何新团队”的管理者。只有身经百战，才能做到游刃有余。

打江山易，守江山难。正所谓：“得人心者得天下。”天下已定，只有真正懂得佛祖心、帝王术，才能真正做到人心所向。

相信通过阅读，您的管理思路会更加明晰，并且找到提升自我的重要通道，从而设计出更符合自身情况的具体管理方法。

同时，本书每一小节都有案例，或列举管理者在工作中出现的各种问题，防患于未然；或展示他们利用科学方法取得成功，借他山之石而攻玉。通过阅读这些案例，相信读者可以找到引起这些管理问题的原因，并通过合理分析、综合判断，找到其背后蕴藏的规律。

另外，本书以深刻的分析来为案例做出诠释，几乎摆脱了空洞抽象的专业术语，而是用浅显易懂的语言诠释枯燥的管理学理论，贴近现实的表现形式，很好地为你指点出修炼的途径。

最后，发自内心地感谢生命中所有的支持和打击，这是我成就事业最大的前提。感谢与我一起拼搏多年的老伙伴们；感谢著名军旅书法家、军事作家黄元铭先生给予我幼年时期的巨大影响、并亲自为本书挥毫题词；感谢更多天下英雄的加盟。同时也祝愿每位读者朋友都能学以致用，最终成为团队的核心人物，并从这一过程中体会到奋斗的快乐！

作　者

2014 年 10 月

目　录

第一章

领袖思维才是王道

原来以前所学的都是错的

很多老板学错方向、讲错话，才是企业损失的最大成本。

一个要做大事业的老板拼命开始学习个人境界、修养、追求个人魅力时，学习方向就彻底错了。

员工会死心塌地地追随一个人品好的老板，还是会死心塌地追随一个能帮助员工实现梦想的老板？员工会一条心追随一个思想积极、境界高尚的老板，还是会一条心追随一个能成就员工物质和精神世界的老板？不要再把老板自身修炼是否完善、是否有很高的人格魅力作为高层的成长方向，那些看似有道理，但没用，没用的就是错的。老板要想强大个人影响力其实非常简单，就是你能帮助员工改变命运，你就能影响他；如果你对他没有帮助，你再成功、再有人格魅力和修养，也和团队没多大关系，也没几个人愿意跟你一条心往前走。

凡是讲道理的人，通常都不懂道理。天下大多数人都喜欢讲道理，但有道理的不一定有用，凡是没用的东西在今天就是错的。做老板的都喜欢讲话，但绝大多数老板讲的全是废话。

在解答这一问题之前，大家不妨先想一想：是有道理重要，还是有用重要？在60、70后工作者眼中，多半会选择前者，而你是否想过，80、90后员工，谁愿意听你讲道理？管理者说得越多，他们反而越烦，越容易把上下级关系搞僵。

事实上，那些“有道理的话”如今未必管用；而“有用的话”却可以影响管理者的思维，令他们成为真正的领袖。

有一种现象，市场营销专业毕业的同学，业绩却做不过高中毕业的；绝大多数企业中，业绩做得好的，不一定是学历最高的，学历最高的不一定业绩就最好。然而事实是学历高的在理论上掌握的知识和道理确实不少，为什么结果会是这样呢？另一种现象，比如某大学教授讲授市场营销和企业管理多年，但被聘到企业具体做事却不见效果，甚至最后狼狈而归。而真正做出结果的人却可以影响员工、感召员工，成为被追随的榜样。

有道理是学习得来的，而有用是通过正确做事体验得来的。

学很多有道理的未必成就大业，关键的核心在于如何把有道理的知识迅速转化。

近年来我大量参与青少年的培训，有一次我在和四川华萃教育的负责人秦乾见面时，见识了这个被称为“培训界西南王”的领袖思维。

当时有位学员的父母来找他，很苦恼地问如何让孩子听自己的话？

秦总反问这位家长从事什么工作，他说下岗了。

秦总说：“那孩子当然不能听你的话。”

“他是我儿子，他不听我的话，难不成听你的话吗？”家长听了很震惊也显得更加困惑。

秦总说：“听你的话还不直接把孩子培养成下岗职工的思维了吗？我们在训练营一直引导孩子在做人层面向父母学习，做事层面向有结果的人学习。”

还有一次我回到红古区老家，见到我侄子和邻居家的小伙伴鲁平在院子里玩，却不好好写作业。我就把两个小家伙叫到面前。

我直截了当地问他俩：“你们班上的孩子不好好学习时，他们父母是怎么说的呢？”

两个小家伙嘟囔着说：“大人们说，一定要好好学习，只有好好学习才能考上大学，考上大学将来才能找个好工作，找个好工作才有饭吃。”

我说：“那你们俩更得好好学习，因为你们将来得解决你们班上所有孩子的工作，你们将来不是找工作，而是要干大事的。”

之后再听到侄子不好好写作业时，我从来不批评他，而是直接在电话里很认真地问侄子："你将来是干什么事的？"

"干大事的！"侄子说。

"一个要干大事的人，好好学习才是将来干大事的基础啊，别人可以马虎，可以不好好学，但你一定要好好学，因为你永远别忘了你是要干大事的。"

然而许多父母对孩子的引导就是错的，因为他们曾经的所学所悟就是错的，这样的思维模式等于直接在缩小孩子的梦想，说得严重点等于直接毁灭孩子。

所以从今天开始的20年，你到底教给孩子什么最值钱呢？不是给孩子亿万家产，也不是直接给孩子成功的结论，而是让孩子学会父母白手起家的精神和智慧；不是留100万元存款给孩子，这样孩子会被毁掉，而是让孩子学会在20年后、在他成为人生主导的时候，可以像你一样有本事，让他也能够产生自己创造未来的本事。这是做父母的一生所要学的东西，并且要把这种思想复制给孩子。这话你听着不一定有道理，但一定有用。这是普通人思维和领袖思维的不同之处。俗话说："一代强，二代不强，强也不强。一代不强，二代强，不强也强。"所以今天不管你讲的哪门哪派的道理，只要让孩子强大就是最有用的。

在企业里，管理理论是前辈积累下来的经验，它们的正确性往往无法用片面的语言来概括，毋庸置疑的是，不具备领袖思维的人，就无法带好团队。正因为"思路决定出路"，所以，管理者更需要先形成科学的思维。道理的存在有其合理性，但是"有用"更重要。比如大学教授教你销售技巧有没有道理，当然有道理，但是学生一到实际工作中连个电话都不会打，为什么呢？因为教授从来没在企业待过，从来没有和客户沟通、现场成交的成功经验。

有一次课后和一位姓张的企业家聊天，他说在没有参加培训前他非常自信，因为他也是国内某名牌大学高才生，学的还是管理专业，他相信自己凭借丰富的经验，一定能组建一支高效的团队，可事实却不如他所愿。

企业中，超过半数的员工都是80后，他们有着活跃的思维和很多创新想法，这让张总很欣慰，可是他总觉得这些员工缺乏实战经验，所以常常说大道理给他们听，时间久了，员工开始产生厌烦心理。

张总感觉员工情绪有异样，似乎大家都不爱听他“讲大道理”，他不但没有改变之前的管理方法，还“变本加厉”地对员工做出硬性要求：每周一下午准时参加他召开的例会。

这一系列做法让员工很反感，张总不断听到他们的议论，甚至员工流动比例也增加了，他越发想不明白：自己几十年所学和经验积累也有错吗?

张总和我聊起他的苦恼：“是我错了吗？我学的是管理，也干了这么多年管理工作，为什么感到越来越吃力?”

我告诉他：“现在的员工多半是80、90后，有自己的想法，对新生事物的接受能力也很强，几乎都能跟得上时代发展，对这些员工来说，有用的话比有道理的话更重要。因为有用的话可以帮助他们在最短的时间内收获想要的东西。我也知道，您是按部就班走过来的管理人员，每一步都很踏实，甚至很少想找捷径。面对这类员工，身为管理者的您必须转变思维方式，不一定要按照常理出牌，而要用多角度看待问题，就能使员工产生更多启发，这比同他们讲‘大道理’更有用。同时，你的思维方式会影响员工，有助于统一团队思想，如此一来，带好团队就变得轻松简单了。”

张总觉得我说得很有道理，积极参加培训课程，等到一期结束后，他向我讲述这样的感受：“本来总以为自己之前所学都是宝典，想把这些道理讲给员工听，认为这就是最好的管理办法，没料到这些想法都是错误的，员工不需要有道理的话，他们需要有用的话。”

可见，管理者告诉员工的那些“有用的话”能够帮助他们迅速成长，这需要你先转变思维方式。对于员工来说，他们之所以会选择你，是因为希望从你身上学到更多，不是“无用的大道理”，而是“有用的思维”。正因为好的想法是成功的开始，因此员工渴望获得这样的起点，这些80、90后员工的想法和60、70后不一样，他们不需要过安安稳稳的日子，他们需要有所建树，为将来的发展打基础，谁能引导他们做到这些，谁就是有吸引力的管理者。

既然如此，管理者在面对新一代员工的时候，还需要注意些什么呢？

1. 让“敢想”的员工“敢做”

80、90后员工的成长环境比60、70后要好得多，几乎所有人都接受过良好教育，加之各方面因素的影响，他们往往想找到更高的起点，你不要将此看成好高骛远，他们的主观意识很强，比60、70后员工更能想到长远。既然这类员工“敢想”，身为管理者的你，就应当引导他们“敢做”，想法才会成为现实，这不仅会为团队带来好的结果，也让员工本身获得巨大收益。所谓“收益”不仅仅是薪水，更多的是实战经验，80、90后想要的是提升个人品牌，你能满足他们，员工的潜力就会得到激发。

很多管理者以前的想法，多半是让员工按部就班地做事，因此埋没了很多人才，鲜有年轻人能够创造辉煌的成绩，如果从一开始就鼓励他们“敢做”，结果就会发生很大转变。

让员工“敢做”的前提是，要创造“敢做”的环境。做错事影响了公司和团队当然要受到批评，但除了批评更多的要给予鼓励，因为他们至少比不敢做事的人强100倍，不敢做事或懒得做事的人连犯错的资格都没有，更不必说能做多少对的事！

用一次做错的成本激励和培养他以后十次、百次做对，这是训练人才、解放领导的关键。作为团队的核心人物，管理者的目标是将员工培养成“虎将”，有想法、有胆量、有智谋……

我认识一位西宁市著名的企业家、慈善家，他叫田满禄，他曾对自己的员工说：“我不喜欢太听话的下属，这类人没有勇气和潜力，他们很少取得成就，我需要敢于创新和面对挑战的员工，你们越能干，我越轻松。”

80、90后员工比较有想法，对新生事物的接受能力也比较强，你应该保护他们的这些想法，并且在适当的时候多给予鼓励和帮助，让他们从“敢想”转变为“敢做”，而不是过于让他们“脚踏实地”，以免错过了飞跃式发展的可能。员工的潜力是管理者无法想象的，你给他们的定位越高，员工越能做出成绩，久而久之，他们会带动整个团队的发展，有了坚实的基础，你就可以招募到更多的优秀人才。

也就是说，管理者应当放弃“传统观念”，给予“想做事”的员工更多空间和资源，给予“踌躇不前”的员工更多勇气，目的是让他们尽快树立目标，并督促他们完成。值得一提的是，永远不要质疑员工的“奇怪想法”和“远大目标”，团队会因为这些想法而出现重大进步。

2. 少说道理，多让员工从实践中总结经验

尽管你的想法很有道理，也不要像教科书一样，整天对着员工“念叨”，实践永远是得到经验的最好途径。不少管理者觉得：我先和员工把道理讲清楚，以免他们出现工作失误。将一些常规要领同员工说清楚并没有错，但是不要规定他们按照你的想法做，不妨少说点儿道理，就像刘逸舟老师经常说的一句话：会做了大胆地做，不会做了就乱做，做着做着就会了。多让员工自己从实践中总结经验，他们才会有“专属收获”，这是培养人才的优秀办法。

三为盛世总经理张宏瑛说：“我只会对员工讲，‘你需要负责哪些事情，但是具体做什么，全看他们自己’。”有人质疑道：“张总你为什么不把你的经验直接告诉他们，毕竟你也是从基层员工做起的，经过多年的积累，你的经验一定是最珍贵的，传授给员工，不但提高效率，也让员工敬佩你。”张总是这样回答的：“你以为我这么做，员工就会感激我吗？如果有人因此觉得感激，他们多半不会有出息，因为我剥夺了员工自主思考的权利，直接告诉他们，他们也不一定照做，照做也不是我所希望的，我要的不是机械做事的人，而是一个有思想的人。更何况，市场一直都在变，我能事事都对他们交代清楚吗？还

有，同一件事情放在不同阶段做，员工面对的人也不一样，情形就有可能发生转变。如果不培养员工的应变能力，对他们将来的发展不利，团队也无法进步，与其把下属变成‘算盘珠子’，不如放手让他们自己做，我有可能收获更多惊喜。总之一句话我要的是做事的‘活人’，不是‘死人’！”

越来越多的管理者放手让员工处理事务，这是管理方式的进步，尤其面对80、90后下属，他们不愿意听你说道理，更希望从实际工作中获得成就感。表达对员工信任的途径有很多，这便是最直接的办法。当人直面困难的时候，潜力容易被激发，此时，员工得到的经验会令他们终生难忘，与之前的方法相比，他们的进步会更大。

3. 管理者适当“示弱”打破平衡，意在增加员工责任感

在管理者根深蒂固的想法中，自己应当保持强者形象，这种想法未必永远正确，如果你可以适当在下属面前“示弱”，反而会令员工增加责任感。

如果你一直保持强势，有的员工会认为：有你的保护，自己并不需要成长；有的员工认为：领导这么强势，自己再努力，也不会有出头的那一天。这两种消极想法都会影响他们的工作情绪，所以说，管理者“示弱”是为了激发员工的斗志和责任意识，让他们明白：团队需要每个人的守护，要你来就是解决企业家做不到的事。企业家什么都会、什么都能做得很好，那要员工还有什么价值？

比如，当你和员工讨论方案的时候，可以告诉他们，自己在此方面知之甚少，想听听“专业人士”的看法，或者干脆对员工说，我最近疲于其他事务，对某项工作真的有心无力，希望你可以帮助我完成……这些想法虽然颠覆了传统观念，但非常有用，因为管理者想要的是一个强大的团队，而不是希望只看到强大的自己。

总的来说，身为团队负责人，你应当意识到，之前所学的很多原理并不能成为带好团队的箴言，特别是对年青一代员工来说。所以，你需要新

的管理方式助你形成领袖气质。

什么是有道理和有用的话

如今，80、90后员工逐渐成为企业的主力军，几乎每一位管理者手下，都带着这个年龄段的兵，他们会听你讲大道理？答案显然是否定的。这类员工渴望得到关注和成功，而能够帮助他们实现职业规划的管理者，更令他们信服。

有道理重要，还是有用重要？这一问题我们已通过第一节的学习找到了答案。但随之而来的问题是，什么是有道理的话？什么是有用的话呢？

我曾这样形象地为学员举例。

有道理的话是这样说的：

今天一个班60个孩子，60个家长都是这样说的，孩子你一定要好好学习，好好学习将来才能考上大学，考上大学才能找个好工作。这话听起来绝大多数人都会认为有道理。但是把孩子一生最高目标定位在找工作，能这样想吗？还能继续用这种有道理的思想吗？再不能跟孩子说找工作，不能把人生目标定位在找工作上。凡是找工作的，一生也很难找到工作；凡是想做大事业的人，一生有干不完的事来干。

而这些话是有用的话：

60个家长都告诉孩子，好好学习考大学找工作，其中只有一个家长说：儿子，你们班60个孩子好好学习为了将来要找好工作，那么你更要好好学习，好好学习长了本事将来你要安排那59个同学的工作。

所谓有用的话，就是激发孩子从小树立王者风范，有五虎上将的心态；而有道理的话，是让孩子从小听话、踏实、认真地考上大学去找个好工作。这些话常出现在生活中，虽然是家长对孩子说的，但是能反映出大众的普遍心态，当然也包括团队管理者。

将“有道理的话”当指引的人，难以带出有竞争力的团队；而将“有用的话”当指引的人，则更加容易成为管理大师。可见，有道理的话只会令人按部就班地走，可能一生都无法有出彩的时刻；而有用的话，却能够树立人们的王者意识，这便是团队管理者需要领悟的关键。

好多公司口号上大声地喊：“我们要打造诚信、正直团队；我们要成为最有价值的企业；我们立志成为某某行业领导品牌……”尤其受深圳一家培训公司的影响，很多公司开始拼命挖掘公司使命，结果到今天为止，企业依然做得一塌糊涂。我敢说国内 80% 以上公司的使命以及贴在公司墙上的话，都很有道理，但没有用，没有结果上的意义。

凡是公司喊的口号，公司墙上贴的使命，只要没有跟员工的利益挂钩，这个话通常就没用。因为说到底那只是老板自己发自内心的事，而不是员工发自内心的事，和员工没关系就是没有拉动员工的兴奋度，而员工不兴奋就不会拼命去创造业绩。

我曾经在课堂上现场问一位在公司上班已经三年的员工，问他知不知道公司的使命，即贴在墙上的话，结果这个员工说：“墙上的使命写得挺显眼的，可就是没太记住。”讲课这么多年，我深深地知道只要是老板能贴在墙上的话，都是斟酌过的，都是老板亲自认可的，都是有道理的。但是今天一个工作已经三年的员工都说不清楚，就表示这些话根本没进入员工的内心，为什么？因为和他没多大关系，也就是说这些话贴在那里根本没有用。

还有很多老板一有机会就说些没用的话：“我的事业五年后要……我的梦想要开 × × 分公司；我未来一定要成为 × × 模样的企业家……”做老板的凡是一张嘴以自我为中心、站在自我角度讲要如何如何的，这样的老板都是没入门的。

一个真正要成大业的老板不会这样想，更不会这样说，他一张嘴就是有用的话，就把企业所有兄弟挂在嘴上，把企业所有兄弟的梦想挂在嘴上，并放在承诺和行动上，这样的话员工一听就明白，一听就有动力、有冲劲，这样的话才是有用的话。

二八法则向我们提示：为什么大多数企业都是一般企业，少数企业是优秀企业？因为天下90%的领导者都喜欢讲道理，只有少数领导者注重讲有用的道理！

带队伍的过程中，管理者若是让员工按照那些“有道理的话”去做，可能永远无法完成职业目标，尤其面对主观意识较强的80、90后，这样一来，他们还会追随你吗？只有让他们听“有用的话”、做有用的事情，才能使他们在合适的机会里崭露头角。对于员工来说，一个具有广阔平台的团队才是最好的。

我认识一位优秀的餐饮行业领军人物——魏洋，年过三十岁的他就已经是一家酒店管理公司的操盘手，手下有很多精兵强将，在自己的领域中取得了很多成就。

他说：“我刚走进职场的时候，也曾有过按部就班的想法，觉得只要一步步来，等到四十多岁的时候，肯定有一份理想职业和薪水，而现实告诉我，如果没有在一开始就建立领袖思维推翻原来的思维，我这辈子都会碌碌无为，不可能成为行业的旗手。我之前的想法都有道理，但却没有用。当我很快站在企业高层管理位置上时，麾下出现不少年轻的面孔，我很少开超过一小时的会，开会只讲有用的、关键的，总是把那些有用的话说给他们听，令我欣慰的是他们也慢慢喜欢我开会，而且这些员工都慢慢变得越来越积极，他们有目标，加之灵动的思维方式，所以呈现给我一个有竞争力的团队。”

可见，想要带好团队，管理者本身就要对“有道理的话”和“有用的话”进行判断，只有了解哪一个更重要后，管理工作才会走上正确的轨道。

比如员工工作没动力，一般的领导者就会苦口婆心地讲来讲去，说不到关键、说不到核心。有一次我面对一位来自农村的小伙子，当稍加了解他的背景后，我说我们聊聊，他以为我又跟他们老板一样还是要讲道理，一副无奈的样子。我就直接一句话：“你今天不想工作就等于你根本就不想让你的父母、爱人、孩子过上幸福的日子，不想让你老家的父母抬起头来做人，你不觉得太自私了吗?”讲什么道理啊，你要讲的道理员工早就能背出来了。

爱说“有道理的话”的人，往往是那些绩效一般的管理者，他们没有意识到，自己的自以为是可能就是“井底之蛙”，想要跳出去，就得靠那些“有用的话”。对于80、90后员工来说，他们当然不希望一辈子工作在基层，并且始终是被管理者，所以，需要你用“有用的话”来激励他们。时间久了，团队整体实力就能得到提升，你便有机会壮大团队，而员工也有更多晋升的可能，这时候，团队就处于良性循环中。此时你不必事事亲力亲为，因为员工都能处理好，你可以把大部分精力放在队伍建设上，团队越来越好，你就越来越轻松。

真正的管理者，不会把团队工作大包大揽，而是放手鼓励员工去做。在很多人的观念中，管理者做的总是大事，下属只能处理“没营养”的小事，这样的观念早已陈旧。如果员工能在管理者的带领下做好小事和大事，团队就有可能高速发展。

作为管理者，要敢于站在员工角度多考虑什么话他们能听得进去，或者讲话过程中观察和感受他们的喜欢程度，宁可讲故事也不要讲大道理去惹人烦。不少员工缺乏自信，他们觉得自己只能按部就班地工作，所以对那些“有用的话”心生疑虑，这要看你如何让员工相信，一旦转变观念，就有可能出成绩。“有用的话”不是随口说说的，应当认真地讲给员工听，你越当回事，他们越将此看成“宝典”。

讲道理不如讲故事，讲故事不如讲身边人的故事，讲身边人的故事不如讲自己成功的故事。针对自信心较弱的下属，不妨用真实的、身边的故事来打动他们。比如可以讲这样的故事：

> 我的一位表弟叫鲁珍贵，创办了一家家装公司，他从上学开始，就一直积极争当班干部，把学校当作社会来练习，常常需要安排和组织班里的工作，比别人干得多，操的心更多，当然磨炼的机会也就更多。由于能力出众，大学毕业走进职场的他，在做基层职员的时候就已经开始充分利用身边资源和机会努力学习了，成为部门主管后，也

把该部门工作管理得井井有条。很快在装修公司脱颖而出，现在成了一个年轻的家装公司总经理。

鼓励员工的方式多种多样，前提是管理者希望有多大的成就，如果连你都不敢奢望“高起点”，还如何带领员工呢？

判断一位管理者是否有大将风范，首先要看他所站的角度和高度，想要带好队伍，不能“太踏实”了，否则很难从残酷的竞争中闯出来。管理者应该是个善于利用资源者，能够将身边资源整合起来的管理者，才会令员工敬佩。

可见，“有用的话”会让团队活跃起来，但还需注意以下这些细节。

1. “王者风范”是做出来的

“有道理的话”，是让你安心做个被管理者，“有用的话”会帮助你成为自己心中的王者，这就是两者的本质区别。

在参加完培训后，几乎所有学员都意识到，“有用的话”就是站在对方角度考虑的话，所以常挂在嘴边，这并不代表他已经成为“王者”，因为“王者风范”是做出来的。从另一个角度说，“有用的话”会最终帮助管理者聚焦自身领袖思维的能量，按佛祖的话说就是时刻考虑到众生，起心动念一颗心就是度人之心，结果众生获救反过来把佛祖托起。

某次，我去拜访一位国企的企业家，见到我之前，他正在打高尔夫，从他的脸上，我看到了从容。他告诉我，管理者的风范不是说出来的，你如何做，员工都看着。他很放心下属去处理工作，甚至在对方出现错误或不自信的时候，他不会妄加指责，而是会进行适当激励，他认为自己的职责便是调动下属的积极性和锻炼他们处理问题的能力。

所以，他不会在员工感到吃力的时候选择代替他完成，而是引导他们寻找方法；也不会过分纠结某些细节，因为真正的王者，会用全局的眼光看待工作。

所以领袖思维的关键就是：小企业家善于经营具体的事，大企业家善于经营做事的人。

2. 把“有道理的话”统统“丢掉”

既然那些“有道理的话”让你的管理水平停滞，为何不将其统统丢掉，让“有用的话”成为主角。

在我接触的管理者中，有一部分人，始终不敢丢掉之前的错误观念，所以在进行管理工作的时候，显得格外犹豫，因而错失良机。例如，你以前认为：“按部就班”是团队成长的应有轨迹，所以在制定目标和规划的时候，会格外谨慎，从没想过成为佼佼者，只是一味跟着别人的脚步，以为安安稳稳就是好的。但是，当你知道“有道理的话”不一定正确的时候，想过将自己转变成王者，却由于种种牵绊，始终不敢彻底放弃“有道理的话”。担心员工能力不够、经验不足，不敢完全放手让他们做，甚至替他们做；结果自己不仅很累，还累得没有价值……不论什么样的表现方式，原因都在于这些管理者对新理念的不适应，担心在转变的过程中，会引起团队的动荡。

归根结底，这是对“领袖思维”的关键点还没有悟透：小企业家善于经营具体的事，大企业家善于经营做事的人。这是引导管理者做出正确决策和处理日常事务的“要领”，不同人之所以会有不一样的想法和表现，关键在于思维方式的差异，想要彻底摆脱陈旧观念，必须换个角度想问题，如果每次都能这么做，有助于你形成领袖风范，团队也将最终受益。

3. “有用的话”是一种管理原则

一提到“原则”，人们总是能联想到很多，其实，“有用的话”便是一种有效的管理原则，并非某种具体说法。

管理者能否带好团队，关键看他的思维方式如何，例如，怎样处理员工的不良情绪？如何激发下属的工作积极性？作为团队的核心人物，你无须插手具体工作，只需将人力资源的优势发挥到极致。

正确的管理原则，会让你很快找到解决问题的突破口，当你事事以结果为导向，管理水平也相对提高。值得一提的是，你真的知道自己的最终目的吗？很多管理者认为，他们的终极目标就是完成工作，可是这并不能让团队快速发展，这还停留在“按部就班”的原则上，很显然，这种管理方式存在缺陷。

真正优秀的管理者，希望将团队培养成“精锐力量”，这需要某种精神的推动，而那些“有用的话”恰恰能做到这一点，使之成为正确的管理原则。

是有道理重要，还是有用重要，答案已经非常明确，然而，想要将后者真正变成管理方式，还需要你从日常工作入手，把员工凝聚起来。

天下帝王在学什么、向谁学、如何学

天下领袖是在数百万、千万人中才出现一个，他们是怎样学习的呢？如果他们的大脑里装入的东西和普通人一样，那么他们最终的结果和普通人不会有太大的差别。

你在红尘中，那是历练；红尘中有一个你，那是历练后的横空出世。人与人的差别在于经历的不同，还是体验的不同呢？一般人写目标，高手直接写体验，普通人用理论讲道理，高手用修炼的语言讲故事，领袖之才用生活的故事带众生进入修炼之境，而王者却直接穿越。

他们到底学习了什么？让他们成为处在万人之上的九五之尊。

1. 帝王学什么

普通人活在迷惑中，高手知道了别人不知道的，领袖之才经历了别人没有经历的。普通人学习的东西全在外围，大成者会直接进入到核心部分。普通人学习量越来越大，大成者学习量越来越少，最后全部聚焦在核心思想上。

欲成大业不是看你学的多不多？而是看你学的对不对？

那个二八法则说明，有大成就者都是少数人，绝大多数人都是普通人。普通人之所以普通是由他的思想、行为方式和习惯决定的。欲成大业必须走出大多数人的圈子，必须放弃大多数人的学习方式。

2. 帝王向谁学

一个没能力的人是因为不读书，一个有能力的人是因为爱读书。一个有帝王之才的人能超越千千万万的人，那他是向谁学习的？

五千年来能够成就霸业的帝王，他们具体都在向谁学习？伏羲当时连文字都没有，他能创造出八卦，他是向谁学？再看今天商界风云人物马云、比尔·盖茨都在向谁学习？

向身边人学？

向书本学？

如果向身边的人学习，其一生成就很难超越对方。如果唐太宗李世民向父亲学习，向身边谋士学习，他就不会创造唐朝的辉煌；如果马云向身边的人学习，就不会有今天的马云。因为身边的人的思想、格局和胸怀无法承载他们更高的梦想。所以帝王读的不是书，读的是最顶尖人的思想智慧，做的是整合天下最顶尖的人才，研究天下最顶尖人的智慧思想和宇宙思想，为成就天下霸业所用。

（1）向人类世界最有结果的人学习

就是向全世界第一名的高手学习，就像马云经常到世界各地去学习，专门向全世界最顶尖的高手请教。因为有能力不一定有结果，有结果就一定有能力。

（2）向磨难学习

越想成就霸业，就越要经历一般人无法体验的人生经历。一个人身体和精神上经历的磨砺以及承受的苦难，决定了他未来成为什么样的人。尤其是精神上的苦能把人内心锤炼的无比强大。蛹要成蝶必须离开安逸，去经历破茧之痛；凤凰要重生必须选择先涅槃。历史上如果没有十八路反王和玄武门之痛对李世民的磨炼，怎能成就大唐的强盛和繁荣稳定？如果没有鳌拜和吴三桂等，康熙怎能炼成千古一帝？如果马云在那个生死存亡的寒冬，熬不住几个月发不出工资的考验，可能早都放弃了。高手从困难中历练，王者直接从绝境里杀出，大成就者都是大磨难者，拥有浩瀚的人生经历、阅历是成就霸业的前提。无数人的失败为什么离伟大的梦想还差十万八千里就夭折了，因为无法消化磨难而放弃得太早。

（3）向宇宙万象、向自然规律、向红尘世界学习

“弟子不必不如师，师不必贤于弟子。”

“青出于蓝而胜于蓝”才是作为老师最高的人生境界。

普通人成长离不开老师的指导，而大成者起初也许有老师辅导，但后来都是无师自通，因为他的梦想远远超越了老师，老师的思想已经无法承载他“狂野”的梦想。此时他只能以宇宙万象为师、以天地为师、以自然规律为师、以红尘世界的智慧真相为师。谁都知道伏羲的八卦、老子的《道德经》都是举世无双，他们到底以谁为师？佛祖又以谁为师？他在菩提树下到底是怎样觉悟成佛的？为什么他们的思想可以超越一切。所以大师中的大师如何学习？他们已经不向人学，也不向事学了。任何人、任何事都是总结了当下红尘，都是向宇宙万象学习。真正超越一切的智慧在哪里？真正大智慧、大思想不在任何书籍里，不在任何人和事，就在红尘里，就在宇宙里。大成者都是深入红尘，触摸宇宙思想之后才横空出世。

高人不在庙堂，有时候红尘闹市里那个看似疯疯癫癫的却是悟透一切，洞悉真相的真正高人。那些绝世的画家，大多不是出自名门院校，竟然来自民间。那些商界一等一的高手，那些世界首富甚至连大学都没有读完。

所以普通人学习向具体的人和事学习，大成者直接向无形的宇宙万象、向自然规律、向红尘世界学习。普通人越学越具体，大成者越学越无形。

如果触摸不到这个核心，再多努力再大辉煌也是排在别人的后面，别说再给你30年时间，就是给你300年你也赶不上去。今天我们要的就是这样一个思路，这些具体的进入方式不是我们今天需要解决的，我将在未来的总裁课程《领袖大成思想》中让你彻底消化。

3. 帝王如何学

人和人有差别就是在脖子以上部位，而脖子以上部位的头脑就是在于学了什么？人一出生时大家脑袋都是一样的空白，都很公平。关键就在童年、少年和青年时期头脑里装的东西不一样，装的思想不一样。有些人你感觉他的脑袋，跟别人转的不一样，想的不一样，思路就不一样，差别就在于这个“核心点”上，决定了思维模式，思考方法完全是不一样的。

（1）普通人往脑袋里死装东西，大成者往外活长东西

这个世界上90%的老师都是教你怎么往脑袋里装进去，而大师是教你怎么让大脑长出东西来。这就导致老师和大师的差别，老师就是把学员带进老师的世界让学员往脑袋里装。大师是带着他的学问，进入学员的世界，看学员缺什么，他给什么。老师是让你明白，大师是让你醒来。老师是在你心里不断地装什么，大师是让你心里不断地生长出什么。

（2）普通人在前面学方法，大成者在背后消化思维

见到谁一交流，就把谁消化了，看不出学过谁的痕迹，完全看不出是哪门哪派，一用却发现是道高一丈。

例如：让4岁孩子学会读报纸，一般人都会认为这个孩子天赋太好了，记忆能力、学习能力太超强了；很少有人相信自己的孩子能够超越这个4岁会读报纸的“神童”。其实普通的孩子也能完全做得到的。只不过最大的限制是他的父母根本不相信，不相信就决定了他无法进入到那个核心通道。

你得学习从来不看别人的战略和战术，你只消化他战略形成背后的那个通道。

（3）志向提前决定了能力的大和小

天下英雄在未成事前，在少年时期便胸怀大志。刘邦当年第一次见到秦始皇出巡时的车马浩浩荡荡气势磅礴，所带侍者、大臣、将士数千，嘴里不由得说了一句话："大丈夫当如是。"项羽在第一次见到秦始皇时也对身边的项梁冒出一句惊人的话来："彼可取而代之。"

你的能力永远超不过你的志向，你没有增加一点儿志向却想增加能力，怎么可能呢？血性还都没长出来呢，这种血性是激发你更大能力的因，能力是果。只有这个因的通道打通了，果才能彻底的释放出来。

学习中遇到高人点拨，就像千里马遇到伯乐。问题是绝大多数人一开始都是普通马，你怎么去具备千里马的条件，那就看你志向在哪里？你没想过要做千里马，伯乐也不敢保证能看出你就是千里马。你是普通马的志向，遇到伯乐或者遇到大师对你来说也没任何价值。

今天做企业，你的志向是想帮四千人，帮五千人改变命运，这种帮五千人改变命运的强烈的愿望，时刻在你大脑里回荡，时时刻刻都在往外蹦，吃饭、坐车、交流、做梦时都会出现，就这种坚定的志向，决定了你学习时的力度、速度。

如果你心中只装着一家三口或十来个人，这其实就是个体户思想，个体户的格局，就算人家名师主动愿意教你，你也学不会驾驭五千人的智慧，因为融不进你的心里，你的内心思想和格局是排斥的，所以这是没有办法学的，学了也用不出来。

为什么一个想做大事的老板在创业过程中，他的成长速度、学习速度会很快，能不断带动无数人，就是他内心这种强烈的做事力量，让他遇到各种困难他都停不下来，因为他是发自内心要去解决这些问题。这个心一旦定下来，你想失败都很难，最多就是开始头几年少赚点钱，但第三年、第四年很快就会突然裂变。

拥有小老板思维的人在没遇到困难前都想好退路了，都提前想好了怎么转让，怎么退下来。当真遇到困难时几个回合下来，只要一赔钱，只要一超出他的承受范围，他就立刻放弃了。所以小老板思维怎么干得了大老板的事业，不是能力决定的，是思维决定的，想要做大事一旦触摸到这种思维不成功也就太难了。

4. 帝王的“御人术”

纵观历史，出现过无数有丰功伟绩的帝王、领袖。对于国家大事，他们了然于胸，面对复杂的权力集团内斗争，又显得格外从容，原因便在于他们用毕生精力研究御人术，只要有调兵遣将的能力，一切事务都不在话下。

从古到今，不论帝王、领袖还是管理者，无一例外地要使用御人术。正因为要将身边的人力资源集中起来，再分配到需要的岗位上，所以，如何调动下属的主观能动性，就成了关键问题——既要让他心甘情愿地完成任务，又要对你心生感激，为下一次任务做准备，确实得花费一番心思。

对于帝王、领袖们来说，运用好御人术，会让国家更兴旺，这是维护江山的要点之一。同时，要让臣民信服自己，这是维护江山的要点之二，两者缺一不可，这同样能够给现代管理者带来启发。

曾有学员问我：“帝王之学这么厉害，它是如何起源，又能从哪些典籍中看到呢?”其实，帝王之学到底如何起源，没有统一的回答，当王朝被建立，历经兴衰，这些管理经验便产生了，一代代管理者学习、借鉴、运用、发展……形成了这门神秘的学术。现代管理者之所以渴望掌握帝王之学的精髓，原因便在于它能够帮助自己建立强大的团队，御人术的关键是“人”，而“人”又是组成团队的基础。

从古便有“夺江山易，守江山难”的言论，成为领袖只是开始，当好一个管理者，却需要经历漫长的过程，自古帝王身边总有“左膀右臂”，现代团队亦如此，不少管理者会视他们为“好帮手”，在团队中有举足轻重的地位。但是，与他们相处并不容易，既不能给予太多，也不能过少，如何把握“度”成为关键。

张总是某企业高层管理人员，他有两位得力干将：A 部门的李总监和 C 部门的王总监，两人不但能力卓越，人品同样超凡，张总一直称他们三人为“梦之队”。

这两名员工是张总亲自招聘来的，当时，他自己还只是企业中层管理人员，由于欣赏两人的才华，加之性格很相近，所以留任在身边，逐渐成为自己的“左膀右臂”。

一年后，张总升职了，李、王二人出任A、C两部门主管，这个决定令他们感到惊喜，毕竟还都年轻，没想到企业家这么赏识自己，于是更加卖力地工作。

虽然李、王二人加了薪水，但并不是行业内最高的，张总认为：想要满足他们，除了薪水外，来自企业家的关心同样重要。

得知二人的妻儿都在外地，张总主动给他们安排了公寓，让他们把家属接过来，这让两人觉得很温暖，还常为他们争取培训机会，鼓励他们不断进步……

李、王二人直接向张总报告，为了让他们能放开手工作，张总给予两人很多“权利”，只要在权限范围内，都可以尽情发挥，如果遇到困难，可以优先与他开会讨论。

张总之所以给李、王二人提供优厚的条件，目的是希望他们能为团队做出贡献，与其他企业家不同，张总很重视人文关怀，并一直督促他们完善综合素质修养，张总与两位总监共事近三年，关系非常融洽，有了这两位得力助手，他感觉很轻松，李、王也在张总的提拔下，以最快速度实现了职业规划。

可见，用恰当的方式维护员工利益，他们就会心存感激，帝王领袖们的御人术，便是让别人安心在身边工作，既让他们敬畏自己，又能保持良好的合作关系。对于团队管理者来说，要全方位地“关心”下属，不断创造适宜他们发展的客观条件，只有当员工觉得自己还有发展空间，才会心甘情愿在你手下工作，员工越离不开你，说明你的御人术越精练。

5. 今天管理者的御人术

从天下帝王、领袖的管理方式中，很多人看出了御人术的重要性，那么，管理者该如何提高这方面的能力呢？你可以参考我的建议：

（1）看透“人心”，了解员工想要什么

想要管理好团队，必须重视“人心”，就是能看透员工内心最大的渴望，如果连员工喜欢什么都不知道，还怎么让他们信服，帝王领袖们总是先摸清臣民的“心思”，再决定如何对待他们，所以能够换得他们的感激。管理者也应当这么做，从员工的企图心中，可以看出对方想要什么，若是你能满足他，他就会卖力地做事。

赵总是某公司C部门的主管，每次来新员工，他都会先与他们交谈一番，内容涉及很多方面，包括员工对职业规划的看法、对协作的理解等，通过交谈，赵总大致掌握了他们的性格，因而用不同方法处理员工关系，得到很好的效果。

帝王、领袖们的眼睛，似乎能一下子看穿某人，臣民面对这种高深莫测的眼神，自然招架不住，这源于领袖的威慑力，能够汇聚成力量，把最优秀的资源留在身边。如今，作为团队管理者的你，应该给予员工最想要的东西，前提是你先充分了解他们。

（2）向帝王们学“御人术”

在后人看来，古代帝王的“御人术”蕴藏着数不尽的宝藏，在特殊时期里，帝王们不仅要笼络人心，还得让自己坐稳江山，本姓王朝才得以发展。所以，更多管理者希望通过学习“御人术”，可以带好团队。

首先，“加之以威，使之以利，晓之以理，动之以情，结之以义。”管理者与帝王一样，都必须树立威信，这种气度会让你从一群人中脱颖而出，定睛一看便了解你处于核心位置。有威严的管理者，无形中会产生吸引力，让下属屈服于你，为后面的管理工作营造了恰当的氛围。

优秀的管理者，一定是赏罚分明的，给有功之人颁发奖励，惩罚危害团队的人，这样做员工肯定会拍手叫好。

另外很多人对管理需不需要向员工做解释的理解有误区，他们认为管理者不需要向任何人解释，尤其是员工。实际上，适当给予合理的解释，能够让工作得到高效运行。管理者与员工之间的沟通非常重要，如果很难做到“晓之以理”，你们之间就容易产生隔阂。

正如帝王希望臣民爱戴自己一样，管理者同样需要员工靠拢自己，不妨适时给予一些情感笼络，在可行的范围内，积极帮助他们解决难题，久而久之，你便成了“得人心”的好领导。

其次，要在不同阶段利用不同人的优点，集众人所长，共同完成工作。例如：刘备将诸葛亮留在身边做谋士，而让关羽、赵云等武将与敌人交战，结果拿下一座座城池，终成霸业。

由此看出，你需要在恰当的时机，起用对你有利的员工，同时，安排他们去做合适的工作，对于管理者来说，保证团队的稳定与发展，比任何事情都重要。

此外，管理者还需用好“平衡之术”。唐太宗曾说过：“君也，舟也，民也，水也，水可载舟，亦可覆舟。”所以说，保持团队内部力量平衡，是你必须掌握的，切忌让一方独大，这样很可能会形成自己的“小团体”，不便于今后的管理，甚至会出现优秀人才集体跳槽的情况，对你来说，损失是不可估量的。

不妨当个“坐山观虎斗”的管理者，让各部门力量相互牵制，只有在必要的时候，进行适当调节，团队才不至于倾向于某一方。

天下帝王、领袖所学的精髓就是“御人术”，当你能够充分调动人力资源的时候，整个团队都将被你牢牢掌控，会“御人”的管理者，才是真正的王者。

佛祖心，帝王术

成大业者必须要有佛祖心、帝王术，佛祖能征服人心，却征服不了天下！帝王能征服天下，却征服不了人心！何谓佛祖心？就是度人之人、成就人之心。以成就之心成就他人，以利他之心帮助他人，甘愿为众生请命。

何谓帝王术？就是心中有爱，但关键时刻下手无情，对待下属要严格，因为严格才是真爱，爱谁就对谁狠。面对团队首恶绝不心软，杀一人能够震三军，冤也要杀。赏一人能让三军雄起，不该赏也得赏！

根据多年体验我总结了以下两点：

1. 所有只追求个人成功的老板都会自我毁灭，所有用公司平台来承载员工生命的老板都会成就大业

焦点利己，众人踩；焦点利众，众人抬。当年佛祖起心动念就一颗心：度人之心。结果是众生获救，感恩之余反过来把佛祖托起，使得佛祖拥有 18 亿弟子。

稻盛和夫是日本著名的经营泰斗，他在中国儒家文化基因的基础上提出了“敬天爱人”的经营思想——合乎道理即为“敬天”，以仁慈之心关爱众人就是“爱人”。

（1）如何用公司平台来承载员工生命

①帮助员工赚到钱。具体说就是先让大量有意愿、有能力的员工赚到钱，然后带动更多普通员工产生意愿，训练能力，再赚到钱。

②帮助员工成长，通过专业能力训练让员工增强能力和竞争力，显现自己在企业的价值。

③帮助员工成为有道德、有修养的人。一个好公司就是一所好学校，员工在公司不能因为利益而变成投机分子、造假分子，而要成为有品位、有爱心、有修养对社会有价值的人。

所以老板要向佛祖、向菩萨学习，面对手下兄弟要有慈悲之心，佛祖几千年来，为什么能够生生不息受到亿万人的顶礼膜拜，其中很重要的法门，就是能不计前嫌，放下屠刀立地成佛，绝对的包容。而我们今天有无数的老板，只要员工犯一次错误，就永远不放过他，不宽容他，这样你想影响他，想成为他的领袖，怎么可能呢？

（2）如何拥有佛祖心

具体来说就是你能够理解别人的痛苦。比如，你自己生活很舒服的时

候，更要想到让员工的生活也舒服；你自己买奔驰的时候，你要想到员工也想买车；你自己买别墅，你至少要想到员工也想买房子；你自己买名牌，你要想到员工也想买名牌。你活着就是为了实现员工的理想，最终员工也会帮助你实现你的理想。

商人以商业的方式度人，学者以学者的方式度人，佛祖自然以佛法、禅理度人。老板要有佛性，要有普度员工之心。甘地就是以为人类解放而斗争，毛泽东是以为人民服务而奋斗，老板也要像这些领袖一样。只有普度于员工，才能让自己得以解脱，成就员工的心一百年不变，成就客户的心一百年不变，成就大业的心一百年不变。心里有了这样的使命感，才能为员工搭建更大平台，为客户创造更大的价值，为股东带来更多的效益，为社会做出更大的贡献。所以干大事必须从心里生出干大事的信仰，万念归一，把焦点利众——成就大业，才能不妄此生。

(3) 成就员工才能成就大业

成就员工的心一百年不变，让员工对企业产生归属感，才会忠诚于企业。成就客户的心一百年不变，把客户当成是衣食父母，客户才会源源不断地给我们带来利益。成就大业的心一百年不变，这是成就大事的信仰和精神。没有在人性上的对接，就没有达到经营无敌团队的高度。

如果你只想着成就自己，越想有成就，结果越远；作为老板如果你认为公司是你的，那你永远都无法将其变成大公司。所以你必须用这个平台承载你员工的生命，如果你懂得用公司这个平台承载你员工的生命，你就可以做大，否则你永远做不大。

“所有追求个人成功的老板都会自我毁灭，所有用公司平台来承载员工生命的老板都会成就大业”。这是我发自肺腑在企业家论坛会上说的话。今天无数老板为什么自我毁灭，就是因为你想着赚钱就是为自己买车，买奔驰、宝马；为什么很多人成功了，因为他们懂得用钱承载员工的生命，企业就做大了。

三为盛世的创始人之一张宏瑛总经理（九宫品牌战略咨询公司总

经理)，这几年不仅做企业做得非常成功，而且转型特别华丽，在无数企业家面前他做人低调到什么都不懂，但在具体做事中却有着语出惊人的魄力和霸气，让无数60、70后企业家震惊，他以冷酷的目光面对现实，他那入木三分的见解使整个行业震动。在2013年培训业动荡的时刻，很多培训公司因为想开大课，都在观望，唯独他经常和国内著名国学大师翟鸿燊教授、经济学家马光远、郎咸平教授多次合作大型论坛，一度成为行业传奇。

他就是这样一个80后优秀企业家的代言人，他做企业很成功。有好多老板问他做企业成功的关键，他说我只懂一件事情，就是用公司的平台承载员工的未来，用钱承载员工的生命，把钱分给他们，让他们干活，我就成功了。这句话说得太简单了，但却能证明一个事情：任何伟大的老板都用钱承载员工的生命，不能替员工着想，不愿承载社会的弱者，你永远成不了大业。

今天很多老板都有一个心结，做企业讲究细节制胜，觉得做老板的道德就是节俭。凡是认为老板就要节俭的就成不了大业。一个老板舍不得对自己花钱，怎么舍得对员工花钱。所以老板为人的第一道德不是节俭，企业不是自己私有的，企业是全体员工共同奋斗的果实，是承载员工生命的。老板做人不是盲目节俭，利用公司承载员工生命，你再奢华员工都尊重你。如果你无法承载员工的生命，你再节俭员工都鄙视你，因为你没有佛祖心，没有大爱之心。

一旦老板节俭成了习惯，就舍不得给员工发奖金、舍不得给员工成长机会、舍不得资助受难员工家属、舍不得去成就员工未来。老板节俭会造成对员工也苛刻，到最后身边人才全部走光，没有核心团队支撑，这样的老板别说做大事，做小事也成功不了。我特欣赏一个企业家，他叫田满禄，原因非常简单，他为慈善事业做了很多贡献，钱捐了几百万元，物资拉过无数车，而且还捐建希望小学。自己有钱了还积极帮助他当地农村的年轻人创业，给10多个村庄做义务孝道文化演讲，自己掏钱把老乡们用10多辆大客车拉到附近县城最大的会场，谁听课就发钱，有很多村里的老人经常拉着他的手叫他活菩萨。中国太需要这样的企业家了，这样的企业家非常伟大。

受无数这样企业家的影响和出于自己对生命的感恩，我除了参与常规慈善活动外，2014 年春节我决定另外再筹备一个“人人为老”慈善助老基金，基金专门支持孤寡老人，最大特征就是落实到老人自己手里，解决老人口粮和终老问题，他们是社会上最需要帮助的人。同时感谢未来更多企业家的参与，感召所有人一起为这个慈善基金注入一点点爱，让这个世界变得更加美好。

当我一有这个想法时就立刻得到了我好多大学同学的支持，得到年轻的极具爱心的企业家李吉航先生的大力支持，得到优视眼镜西北经销商李江总经理的支持，得到浙江爱心老板童建生总裁的支持。童总说：“管策老师我一定要参加，这么多年来我们自己的生活条件越来越好，可是每次见到那些孤寡无助的老人离世，我的人生彻底觉悟，我觉得人活着就要为社会做点事情。因为我是一个儿子，我是一个企业家，我有双重身份，我要给所有企业家做一个人生榜样。”

毛家传统茶道会馆的老板更是一位工作上严格要求自己，在内心充满大爱的慈善家，他对员工的严格无人不知，他对员工的爱更是点点滴滴。尤其在教化员工做人的过程中更是用了不少心血，不仅每周在企业普及传统文化知识，还亲自定期带员工去体验放生活动，来培养员工对生命的敬畏之心和善心。难怪无数顾客到了他的传统茶道会馆，都能感受到所有员工那种发自内心对顾客的一种尊重。

刘逸舟老师说：“作为一名有良知的培训师和企业家，我们是育人之人带人之人，如果育人之人品格不够高，根本就无法带人育人，会在这个社会上遗臭万年！”

所以，老板毕生的道德是承载社会的弱者，用公司这个平台成就无数普通员工的命运，这才是一个真正的老板。儒家文化为什么说节俭很重要，儒家文化是针对普通人的，因为你是老板，你下面有数百、上千员工，你就不是普通人，对普通人而言节俭很重要，对于老板领袖而言，就必须以承载和改变员工及家庭的命运为己任。办企业起心动念一颗心，成就员工之心。员工感恩获得命运的逆转，转过身全力以赴把工作做好，以此推动企业发展，员工为企业创造价值的同时也使老板顺便的、自然的成就了自己的生命。

当你把企业看成是自己一个人的，你一个人要围着所有员工转，而当你生了佛心待人，把企业当成大家的，当成员工的，所有员工就围着你转。你成就他们想要的东西，顺便也成就了自己。两种不一样的起心动念，会产生不一样的感觉，因变了，缘就变了，果自然不一样。

2. 所有成就大业者绝不为情所困，绝不心软，杀一人能震三军，冤也要杀。赏一人能让三军雄起，不该赏也赏

《隋唐英雄传》中李世民在玄武门说了这样一句话："杀一人为万人者，是佛；杀百十人为千万人者，是圣。"可见一个真正的领袖之才，他能够做到在原则面前六亲不认。在原则面前六亲不认等于大爱之人！

姜太公《六韬》有云："杀一人而三军震者，杀之；赏一人而万人乐者，赏之。"

> 据说一次姜太公几十万大军讨伐纣王，大军攻敌数日不克，粮草将尽。一副将进帐面对所有战将向姜太公禀报说：我军粮草用完了，大军要挨饿了。众将一听大惊失色，姜太公临危不乱大声训斥："谁说我军粮草没了，如此扰乱军心者推出去斩了，以后谁再谎报军情乱我军心者与他同样结果。"稳住几十万军心后，姜太公立即召集核心将领开会，下死命令要求两日内必须拿下敌军城池，结果不出两日果然拿下城池，粮草危机自然解除。

但坦白说副将报告的是事实，说的也是实话，可是却被斩首实属冤屈，但面对几十万大军在生死存亡的关键时刻，冤也得杀，杀一人能震三军，杀一人能救三军，为几十万人杀一人，这便是帝王将相统兵之道。

企业中好多有大智、大爱之心的老板，也曾为企业上千员工命运，为企业的生死存亡开除触犯原则的曾经的功臣、曾经的兄弟，也绝不手软、绝不为情所困，所以今天他们在商界依然独占鳌头。

然而历史数千年来，又有多少胸怀大梦者在关键时刻为情所困，终被小人和生事者所灭。所以欲成大业绝不为情所困，绝不心软，杀一人能震三军，冤也要杀。赏一人能让三军雄起，不该赏也赏！

秦王李世民通过玄武门事变杀一人而定天下，成功稳定政局避免了千万百姓遭殃，并成功登基，做了皇帝。而给太子出谋划策陷害秦王的魏徵也被捉住，朝上文武百官一致要求杀了魏徵，没想到李世民却非常看好魏徵的才能，不仅没杀还加官晋爵大赏、特赏。结果表明是正确的，魏徵后来果然为大唐的强大做出了巨大的贡献，正是在他的协助下唐朝进入了封建王朝的鼎盛时期，百姓安居乐业，国家空前的繁荣富强。

能人中的首善要大肆表彰，能人中的首恶要坚决拿下；首善不弘扬，正气无法上升，首恶不拿下，公司将滋生众恶。不受制于能人最好的办法就是培养更多的能人。拿下一个能人的杀伤力比拿下十个普通人，扫清执行障碍的影响力还要大。

面对能力低下的员工，老板宽容你，给你面子，你会得到暂时的快乐，但是你最终会走向弱小；老板批评你，不给你面子，给你压力，你会有暂时的痛苦，但你最终会走向强大。

3. 管理者如何对待老员工和亲人团队

管理者常为情所困，尤其在面对老员工和亲人团队的时候，难免产生保护欲，这是人之常情，但是，在此处投入过多感情，会令其他员工产生负面情绪，真正的王者，不会因个人感情而影响大局，任何时候，都要把大家的利益放在第一位。

很多人觉得：老员工有深厚的资历，经验也较丰富，所以需要被“保护”起来。而团队中有亲人，会让管理者感受到亲情，因此对他们有“特殊照顾”也是在所难免的。

其实，你不妨换一种思考方式：既然“爱着”他们，就要帮助他们更快地成长，并不是为他们提供安逸的环境，殊不知这是毁灭一个人的未来的最温柔的残忍。

首先，你要消除老员工和亲人团队的“幻想”——你一定会照顾他们。有时候，对这类员工格外关照，并不是管理者的本意，而是对方故意“恃宠而骄”，自己不得不陷入两难的境地。与其让自己的情绪很被动，不如主动和他们“约法三章”，避免他们把自己划为“特权阶级”。

其次，福利方面可以适当向老员工倾斜。之所以称他们为“老员工”，是为了赞扬他们对企业发展做出的贡献，甚至有些人倾注了整个青春。不妨在薪水方面多给他们一些补偿，聊以慰藉管理者爱老员工的心理，因为管理者觉得对于这类员工，多少是心存歉疚的。也可以增设“工龄补贴”，让老员工感到宽心，这样一来，你也能安心一些，不会再想着如何“照顾”他们。

任何管理者都可能有私人感情，毕竟老员工与自己朝夕相处这么久，甚至有些人和自己是多年的“战友”，所以才会不由自主地想把更多资源给他们。那其他员工呢？他们同样在为团队的发展出力，再过若干年，也会成为“老员工”。管理者能够想到这些，就不会过多“为情所困”。

至于团队中的亲人，可能是管理者最放不下的，与其他员工相比，老板或许更信任亲人团队，从古便有“上阵父子兵”的说法，但是，老板若表现得过分照顾这类员工，会让其他人失去信心。那么，管理者应当如何做，才算用正确的方式对待老员工和亲人团队呢？不妨借鉴我的观点。

（1）你应该这样对待老员工

当团队有了一定规模后，肯定存在老员工，此时，很多管理者面临一个问题：我该用什么方式对待他们。

一方面，老员工有丰富的实战经验，情商也较高，各方面都比年轻员工成熟，会令你省心不少；另一方面，老员工可能无法适应团队的发展，对新事物的接受能力也在下降。面对这些情况，管理者如果不能做好对老员工协调工作，很可能引发这类员工的负面情绪，然而，一味“保护”他们也不行，长久以往会变成“纵容”导致不好收场。

其实，在处理老员工的问题上，你只需注意这些细节就可以了：

①团队利益是第一位的，任何时候不能动摇；

②无论如何，都不能降低对老员工的道德要求；

③时刻注意保护老员工的感情；

④在条件允许的情况下，尽可能满足老员工的需求；

⑤做到“知人善用”或是“知人不用”；

⑥触犯原则性问题，立刻开除绝不手软。.

作为团队的核心人物，能管理好情绪，员工才能感受到公平，若是一点都不顾及老员工的想法，年轻员工同样会心生疑虑：几年后，我成了老员工，企业家也会对我不管不顾吗？若是过于关照老员工，资源分配就会出现问题，所以说，把握好“度”是非常重要的。

从管理者自身的角度看，你“见不得”老员工“受委屈”，对他们的额外照顾也是不由自主产生的，不妨先弄清楚老员工需要什么，在不触犯原则的前提下，尽量尊重和维护他们的权益，对方便会心生感激，他们的日子好过了，你也不会再“为情所困”。

值得一提的是，管理者在任何时候都必须兼顾大局。我的一位客户曾课后和我说过这样的经历：

某次，公司技术部的张师傅和实习生小磊发生了口角，原因是张师傅故意刁难他，给他安排了一项难度很大的任务，小磊没能完成，张师傅就在众人面前指责了他。

这时候，总经理走过来，了解了一下情况，把两人叫到了办公室，张师傅想，他是企业里资格较老的员工，技术水平也处于尖端，经理不会拿自己怎么样，肯定还会说小磊不懂事。

没想到，总经理先安慰了小磊，然后将他调去其他组，等到小磊离开办公室，他严厉地批评了张师傅。

在管理者心中，全局是最重要的，这就是原则，在不违反原则的情况下，你多给予老员工尊重，他们的心就会温暖些，如果相关福利也能提高，就会让老员工心理平衡些，这些都是管理者能够给予的。

（2）你应该怎样对待亲人团队

不少管理者要面对亲人团队，由于双方关系特殊，常常会成为其他员工眼中的“另类”，这并不是个好现象，容易引发员工的不满。

而这些亲人团队，也常表现得恃宠而骄，处处显示自己，生怕别人不知道自己是管理者的亲戚。

这样一来，管理工作就容易陷入被动。

你不妨问问自己，是出于什么原因，安排这类员工来上班的？有些人想让他们起到监督作用；有些人觉得让亲人在身边工作，会感到安心；有些人想让他们学到更多经验……了解了初衷，你应该督促他们按照既定的方向走，以免因对方无所事事而造成不必要的麻烦。

我的一位朋友，把儿子安排在自己的公司上班，担任销售专员，他要求儿子每天用电邮的方式，向他汇报当天工作情况，如果发现某些方面做得不好，会马上指出来，要求儿子改正。

他对我说：“儿子从海外留学回来，想创业，但是缺乏经验，我就让他先在我的公司干着，虽然是我的儿子，但我不会同意他整天无所事事，想要有提成，就得埋头苦干，他每天很忙，所以不会有时间给我‘添麻烦’的。”

相信很多管理者都是出于某种目的，才让亲人在自己的团队里工作的。难道不希望他们收获更多经验吗？一味地纵容只会让他们形成不劳而获的心态，长此以往，就会打破团队的平衡，让其他员工感到失望。

管理者除了要督促亲人团队完成工作目标外，还得适当为他们增加“障碍”。现实中，很多人的做法是，无限制地给亲人团队开“绿灯”，这并不能让他们学到真本领。

几乎所有的管理者都这么想：希望我能与亲人团队形成一个“小团体”。如果你总是“感情用事”，每每将最优质的资源无条件给予他们，这个愿望就很难实现，因为他们永远不知道自己需要奋斗。

所以说，管理者应当重新引导老员工和亲人团队的真正价值，只有逐渐形成正能量，你和他们的力量才能往一处使。

但不管是老员工或是亲人，假设触犯原则性问题，要立刻开除绝不手软，让团队其他成员看到，老板连他的“爱将”和亲人都敢开除。无论什么时候，亲人团队始终对你有特殊意义，不妨换一种保护方式：让他们更有成就感，让他们成为你真正的核心力量。

所以作为老板该出手时绝不犹豫，

用无私的手段达到自私的目的——绝不为钱所困

如何用无私的手段达到自私的目的？那就学会使用钱。

钱是什么？有人把钱看得比生命还重，而有人把钱当作工具。钱是那些做大事的人承载生命，以及达成共同目标的工具。所以小企业家把企业经营到最后就是善于省钱，而大企业家把企业经营到最后就是舍得花钱。越是省钱的企业家，追随的合作人也越少，越是敢于花钱的企业家，身后追随的合作人越多。

如果你把钱当命，你就会变成钱的奴隶，如果你把钱当工具，钱就会成为你的奴隶，钱是降服人性的工具。

1. 钱是承载员工梦想和生命的工具

谈到花钱这方面，首先对自己花钱不够狠的人，他也不懂得教人使用钱，不懂得挖掘赚钱最现实的动力，不懂得用钱去承载别人的梦想和生命。社会上所有追求个人成功的人都会自我毁灭，只有懂得用钱去承载生命的人才能成就大业。一个值得员工追随的企业家不是为了实现自己的梦想，而是帮助员工实现梦想，员工的梦想实现了，自己的梦想顺便也能得到实现。做好企业家的第一标准不是节俭，而是去承载员工的梦想和生命、帮助员工成功。

如果你今天在员工面前说：“兄弟们今年一定要好好努力，年底我得给老婆换辆七系的宝马……”那么结果到底会怎么样呢？你要换句话说：“兄弟们今年一定要好好努力，因为年底你们再也不能挤着火车回家啦，要每人必须开辆小轿车回去，剩下一辆就给我留着啊。”具体说就是：你要能够理解别人的痛苦和幸福。举例：你自己买名牌，你要想到员工也想买名牌，你自己买奔驰，你要想到员工也想买奔驰，你自己买别墅，你要想到员工也想买别墅。一个大智慧的企业家活着就是为了实现员工的梦想，最终员工帮助你实现你的梦想。而一个小企业家活着很难去考虑别人，就是为了实现自己的梦想，追求个人成功结果是孤家寡人自我毁灭。

三为盛世西安分公司的总经理张莫小姐就是一个特别懂得用钱来承载员工梦想和生命的践行者。她带员工到商场买衣服，都选最好的，按她的话说：只有让员工在自己身上体验什么是名牌，才会放大员工赚钱的动力和格局，后来她手下的员工学会穿名牌全是跟她学的，学会拼命赚钱也是跟她学的，因为一个穿惯名牌的人一旦要他再去穿廉价的衣服，他怎么可能受得了呢？它带员工去看房子也是挑最好的小区，而且挑最漂亮的房产顾问看房，看完、体验完指着美女就对她手下兄弟们说：“兄弟们这房子环境怎么样？娶个这样的女人怎么样？拼命努力吧，以后这里一切都是你的！”是啊，兄弟们也想以后要是不努力哪能娶上这么好的女人啊！

连刘逸舟老师也不得不感慨：“这个张莫真是一个做大事的料，别人经营的是企业，而唯独她经营的是人心。”别人给员工随便送东西都是几十上百的，她要是给兄弟们送东西，不送则罢要送都是几千、上万块钱的。别人送东西都是一箱两箱的，她一送直接送一车过去。去年春节她带着兄弟们到我家吃饭，后来吃剩下两斤饺子，她直接背着我连夜让人运来一个大冰箱……2013 年她一年就买了两辆奔驰，一辆自己开，一辆让团队骨干体验，顺便做业务使用。西安分公司有个叫石践的新员工在自己 QQ 的说说上感叹自己刚拿到驾照，第一次上路就开上了大奔。（这对一个刚出大学的年轻人来说，格局和动力可就绝不是理论上的学习了）张莫就是这样一个很江湖，又很有智慧的人，她做事从不为钱所困，舍得的有点霸气的人，难怪很多和她初次打交道的人都直接把她交成了死党。

2. 在钱上解脱就是给自己放生

“小三来啦……”好多陪着企业家奋斗多年的老板娘们开始惊呼。

经营家庭也是同理，和国内企业家打交道这么多年，我慢慢发现天下所有女人最大的悲哀就是不懂得花钱，男人最大的悲哀就是没骨气赚钱。纵观无数家庭里抱怨的女人绝大多数都是为钱所困，她们忘了一点，天下英雄爱江山也爱美人，这是一个很大的概率，英雄看人也是看两面的，一面看外表一面看内涵。再看小三和老板娘两人的较量中，是小三敢于给自己身上花钱，还是老板娘舍得给自己身上花钱，哪一个花钱够狠呢？小三是什么贵就要什么？老板娘是觉得老公赚钱好辛苦能省就省，尽量要便宜的。从结果上看哪个女人更有魅力呢？所以老板娘要想打败小三不是一哭二闹三上吊，而是要学会研究小三，首先要敢于花钱在形象上打败小三，其次才是在内涵上彻底打败小三。

别把买高档化妆品和高档服装叫浪费，奢侈品既能来到这个世界并进入我们的生活，就有它存在的价值，它在诠释追求完美的同时也展现了人类持续追求美好未来的一种渴望和力量。我永远无法想象一个随便可以满足的生命，可以绽放青春的精彩，毕竟每个人都有自己的角度。

做总裁一定要顺势而为——猪都能飞上天

在2014年的资本市场里，如果你的商业模式还是老一套，这老套路、老经验在今天早已是多少成熟企业闭着眼睛都会干的行活了。凡是在任何时代有结果的人都是掌握了势，企业不怕小就怕没势。

孙子兵法云：“故善战者，求之于势，不责于人。”孙子兵法十三篇讲的就是势：大势所趋、大势已去的势。从十三个角度举例说明了势的重要。

小成者都靠事；成大业者，靠本能做势。人生有三种人在奋斗：第三种人就是在天天忙着做事；第二种人在忙着做市场；第一种人只要思考进入问题就从势开始。

娃哈哈集团的总经理宗庆后说："下围棋时，落下的第一颗子，绝不是为寸土而去。'先取势，后取利'，这是高手的境界。势上来了，利挡都挡不住。"

所以领袖最关键的不是做事，而是做"势"谋"势"。"谋势"就是迎接消费群的每一次跳跃和迁移，就是牢牢把握社会大趋势，善于根据趋势来制定战略。

1. 行业势

小米的董事长雷军说站对了风口，母猪都能飞上天。风口就是势，作为企业的领导人你没有这个势，或者今天说不清楚你的势，不得不说企业家你就是在给员工打工。

学会选势比选事重要，你选的势必须符合人类进步的方向；必须符合政府的产业政策；必须符合消费者当下的核心需求。

老板随时都是从势上出发看问题，老板最重要的事就是找对行业和寻找正在上升的行业，这个选择决定了以后所有努力的价值。一个要做大事的大企业家可以舍得先用三年的时间去寻找一个行业，甚至去创造一个行业。

有些企业或有些行业已经呈现下滑的势，就是大势已去的势。比如说：20 世纪 80 年代邮政（信函）这个行业很有势，因为人们沟通联系是离不开它的。可是到了现在你是否发现已经好多年都不写信了，不仅你包括很多人都不写信了，那么这个行业还有势吗？还能持续多久？所以作为领导者，在势的研究上必须有足够的重视，当作大事来抓，在这件事上坚决不能犯一点点的错。

互联网产业变革在加速度，颠覆传统行业的节奏进一步加快。在过去的 2013 年中，微信颠覆传统电信业、互联网金融挑战传统银行业、大数据带来精准服务。2014 年及以后互联网将发生哪些新变化，还将可能颠覆哪些产业？将会削弱哪些行业原有的势呢？

在这个风险不断增加的时代，企业必须将势的把握上升到无可撼动的战略核心层面。2014 年这股"势"在传统行业的渗透将进一步深化，各种互联互通，新一轮互联网技术冲击甚至改造传统行业的时代即将到来。

2. 团队势

老板带团队就是培养企业的势，势就是企业的军威，军威就是员工强大的执行力。

看一个人有没有斗志要看势，看一个团队有没有斗志也要看势。领导者要善于观察和把握团队的势，看看整个团队是否正在呈现上升状态？整个团队是否正在呈现向前冲的感觉？还是团队开始萎靡不振？

而经营“势”的背后，作为老板就是要聚人，当员工有太多选择时，你的管理开始弱化，企业在员工心中感觉不太值钱。当员工没有比你更好的选择时，你的势就开始上升，要聚人就看你的势大还是势小，如果今天企业的势大，别人排队都想挤进来上班，就可以要求他，底薪比较低他都愿意干；如果现在没有势，你求都求不来一个，更没有要求人家的份。所以做企业老板要怎么影响人？老板要成为团队的精神领袖，成为他们的状态领袖，就是让员工感觉这个老板信心太大了，必然会成功。

老板就要用这种状态去带动团队状态，当团队成员正有状态时，那他当下心里就没有困难，就是那种哪怕负上了贷款也要往前冲；没状态，能冲也不冲，给钱也不会冲！

如果团队势正要消失，那么领导者要快速寻找新的口号，引发更有能量的共同使命感来带动团队的势。如果团队势正上升时，要及时开发新的产品或任务，否则过了这个势，等再想开发时，员工的势头可能就过去了。所以掌握势不仅要巩固势，还要善于把握时机创造势。

团队势气也是团队势的一个重要方面。从没有人说一个组织有了势气，就一定会赢，我只想告诉大家，一个组织没有势气，就肯定会败！企业经营可以没有第一流的人才，但必须拥有第一流的势气。

如何强化团队的势气？

人们往往因为目标一致而形成向心的合力，心往一处想，劲往一处使，同甘共苦，矢志不渝，久而久之便形成了团队的势气。故此，主管要为全体属员树立一个共同的目标，进而形成一种团队文化，目标一致，心情舒畅，团结友爱，人人以团队为家，以为团队添砖加瓦为己任，如此，高昂的团队势气便可形成。

（1）势气就是一种人的精气神的外在表现形式

一个没有势气的军队不可能打胜仗，一个没有势气的营销团队同样难以取得良好的成就。

第二次世界大战期间，德军的一个团长把一个连长叫到办公室，将大捆的钞票、高级食品和一把新式手枪交给了这个连长，说："还缺什么？尽管提，我们一定给予满足。"

"报告长官，就缺一点势气。"连长低声说。

一个人哪怕只有60%的技能，但只要充满（势气）自信，可能在工作中发挥出100%以上的能量。虽然实际工作中的变数很多，但最终会因为势气高昂，而创造出奇迹般的工作成就。势气来源于忠诚，忠诚就是相互依赖。世界上没有绝对的忠诚，只有彼此的依赖。

（2）势气需要坚持

一只新组装好的小钟放在了两只旧钟当中。两只旧钟"嘀嗒""嘀嗒"一分一秒地走着。其中一只旧钟对小钟说："来吧，你也该工作了。可是我有点担心，你走完三千二百万次以后，恐怕便吃不消了。""天哪！三千二百万次。"小钟吃惊不已。"要我做这么大的事？办不到，办不到。"另一只旧钟说："别听他胡说八道。不用害怕，你只要每秒嘀嗒摆一下就行了。""天下哪有这样简单的事情。"小钟将信将疑。"如果这样，我就试试吧。"小钟很轻松地每秒钟"嘀嗒"摆一下，不知不觉中，一年过去了，它轻松地摆了三千二百万次。

每个人都希望梦想成真，成功却似乎远在天边遥不可及，倦怠和不自信让我们怀疑自己的能力，进而放弃努力。其实，我们不必想以后的事，一年、甚至一月之后的事，只要想着今天我要做些什么，明天我该做些什么，然后努力去完成，就像那只钟一样，每秒“嘀嗒”摆一下，成功的喜悦就会慢慢浸润我们的生命。

（3）势气就是看你像团队还是团伙

要看一个组织是不是一个团队，关键看这个组织是不是具备了：主动性、合作性与协助性。

我给大家讲一个缺乏合作性与协助性的故事，也是我在课堂上经常讲到的：

> 有三只老鼠一起去偷油喝，由于油在缸底，油缸非常深，它们无法喝到油，只能闻着香味干着急。情急之下，它们想出了一个办法，决定一只咬着另一只的尾巴吊着下到缸底，这样就能喝到油。对此，三只老鼠达成了共识：下去的时候，大家轮流喝油，谁也不能独自享用，有福同享。
>
> 首先，第一只老鼠先吊在最底下去喝油，到了缸底，老鼠想：“油就这么一点，如果大家轮流喝，我喝得多不过瘾，既然让我先吊在最下面，不如我喝个痛快。”这时，被夹在中间的第二个老鼠心想：“下面的油太少了，万一被第一只老鼠喝光了，那我喝什么？我干吗要吊在中间让第一只老鼠去享受呢？我干脆把它放了，还不如自己跳下去喝个够！”在最上面的第三只老鼠则想：“油那么少，等你们二位吃饱喝足，还能有我的份儿吗？我还是自己跳下去喝个饱吧。”
>
> 就这样，第二只老鼠放开第一只老鼠的尾巴，同时，第三只老鼠也放开了第二只老鼠的尾巴。三只老鼠争先恐后地跳到缸底，狼狈不堪，浑身湿透。加上缸深脚滑，它们是都喝到油了，却再也逃不出油缸。

表面上，三只老鼠是在相互协作，可是它们彼此却各怀鬼胎，如此合作不如没有的好。以自我利益为中心的思维方式，只能是于己于人都不利。

由此可见是团队就要显现出团队成员之间相互的主动性、合作性与协调性，否则就是团伙而已。

(4) **势气就是正面磁场能量的传递**

人是很容易被感动的，而感动一个人靠的未必都是慷慨地施舍、巨大地投入。往往一个热情的问候，温馨的微笑，就足以在人的心灵中洒下一片阳光。当团队核心人物不断散发出这种能量，影响到整个团队也具备这种正面的磁场效应时，这种能量的价值就是一种势。

在20世纪30年代，一位犹太传教士每天早晨，总是按时到一条乡间土路上散步。无论见到任何人，总是热情地打一声招呼："早上好!"其中，有一个叫米勒的年轻农民，对传教士这声问候，起初反映冷漠，在当时，当地的居民对传教士和犹太人的态度是很不友好的。然而，年轻人的冷漠，未曾改变传教士的热情，每天早上，他仍然给这个一脸冷漠的年轻人道一声早安。终于有一天，这个年轻人脱下帽子，也向传教士道一声："早上好!"好几年过去了，纳粹党上台执政。一天，传教士与村中所有的人，被纳粹党集中起来，送往集中营。在下火车列队前行的时候，一个指挥官在前面挥动着棒子，叫道："左，右。"被指向左边的是死路一条，右边的则还有生还机会。传教士的名字被这位指挥官点到了，他浑身颤抖，走上前去。当他无望地抬起头来，目光一下子和指挥官相遇了。传教士习惯地脱口而出："早上好!"指挥官虽然没有过多的表情变化，但仍禁不住还了一句问候："早上好!"声音低得只有他们两人才能听到。最后：传教士被指向了右边——生还。

不要低估了一句话、一个微笑的作用，它很可能使一个不相识的人走进你，甚至爱上你，成为你开启幸福之门的一把钥匙，成为你走向柳暗花明的一盏明灯。有时候，"人缘"的获得就是这样"廉价"而简单。

整个团队的势气决不能泄气，一旦团队泄气了，那你这个团队的行动力和信念就受到了很大的影响。所以说提升势气是团队领导人要做的最重要的一件事。就像打仗一样的，方法和策略非常重要，但是如果军队没势气，就已经输了一半。有势气的军队一人可以抵三人，甚至更多，这时当狭路相逢的时候，就是勇者胜了。

3. 企业家精力势

无数老板要求员工有状态，要求员工有激情，而自己整天精神萎靡，病态怏怏。老板干起事情来，力不从心，在关键时刻无法擎天一柱，是不能领导出一个精力旺盛的团队的。所以古往今来凡是一流的领袖都有十足的精力，旺盛的体能。

有些企业家创业初期精力十足，到后来企业有了一定的规模，而企业家却呈现精弱、气乱、神散，被越来越深的无奈感所控制。

企业家的精力势通俗讲就是企业家的精神头，公司有问题，就是老板精神头跟不上，因为精神头不足的时候，你判断什么都难。就像当初创业时那样不知疲倦，起早贪黑的能拼。而不是像现在这样听两个小时课就说累了，不能像当初一样依旧可以睡沙发、吃苦、受累那就很危险了。企业家也要知天命，如果已经精力不足，当时的冲劲、感觉都没有了，最好收手别干。要想二次创业，必须做非常兴奋的事情，必须在势最好的时候启动。

老板要培养接班人更要掌握好势，势过了再培养就晚了，老板要在巅峰状态时拿出精力培养，否则这个阶段就成了颓废之气。

这个势只有企业家自己把握，任何其他人都不能替代。企业家就是把这种势的能量得到充分发挥的人。

(1) 企业家要想有势首先要有人情味

有一家广告公司只有6个人。老板曾在某大企业工作过，他始终按照大企业的管理思维来管理。要求其余5个人无论大事小情都要在第一时间向他汇报。但公司的福利待遇却不按大公司的方式实行。该老板平时对人对事非常苛刻，动辄就摆架子。这让另外5个人觉得自己的老板一点“人味儿”都没有，不到一年，5个人纷纷辞职。匆匆

3 年过去，该公司的员工如走马灯似的换了又换，最后公司也销声匿迹了。

有人认为，公司是讲制度的地方，不应该讲“人味儿”。其实，“人味儿”不等于“人情”，而是人性化管理的一种方式。古语有云：得人心者得天下！无论在员工遇到困难时还是日常管理中，企业家都应该注意“人性”的要素，如尊重员工，给予充分的精神和物质激励，为员工提供更多的发展平台，帮助员工制定职业生涯规划，注重员工个人与企业的双赢等。老板的“人味儿”有多少分，将决定员工对企业的忠诚度和认同感。唯有真正俘获员工心灵的企业家，才能在竞争中无往不胜！

作为高管你要是有能力但没人情味，即使你在一个行业混 8 年，你要走的时候，你的势也会消失殆尽，别的行业没有人挖你，相关上游下游也没有人挖你，没有人帮你转介绍。表示这个人已经不能用了，换句话说，做八年，在商场上、在江湖上都没什么朋友，没有什么知心的人，这种人什么企业还能用呢?

所以做老板做高管想有势就先要有人情味，有人情味就能成就事业，没人情味就成不了事业。

(2) 企业家的精气神

精、气、神是人生命存亡的根本。这个概念发端于先秦医学，与天有日、月、星三宝相比，可见其重要之至。

什么是“精”? 精是构成人体、维持人体生命活动的物质基础。从广义上说，精包括精血、精液，一般所说的精是指人体的元阴，不但具有生殖功能，促进人体的生长发育，而且能够抵抗外界各种不良因素影响而免予发生疾病。企业之精则指企业的物质基础与能力。

什么是“气”? 气是生命活动的原动力。人体的呼吸吐纳，水谷代谢，营养敷布，血液运行，津流濡润，抵御外邪等一切生命活动，无不依赖于气化功能来维持。气与“气节”“气质”“习气”“心气”相通。对于中国企业家来说，气这个字更为重要，没有“气”的运行，整个行业或民族，就没有了生机和活力。而企业邪气的运行，则致大病，加速死亡。

什么是“神”？神是生命活动的表现。包括魂、魄、意、志、思、虑、智等活动，通过这些活动能够体现人的健康情况。对于企业家而言，“神”不仅是指身体健康、目光炯炯，更是指具有坚强的意志、激流直上的勇气和持续不断的创新精神。

一个企业的最大的隐患，就是“神”的消亡；一个企业家最大的悲哀，也就是“神”的消失。正所谓，有“神”的企业家就像一名充满激情的艺术家。

精、气、神三者之间是相互滋生、相互助长的。从中医学讲，人的生命起源是“精”，维持生命的动力是“气”，而生命的体现就是“神”的活动。所以说精充气就足，气足神就旺；精亏气就虚，气虚神也就少。反过来说，神旺说明气足，气足说明精充。对于企业家来说，同样如此。“精、气、神”三者之间相互作用、相互存在，三者同生同存，缺一不可。可惜，当代中国很多企业家，并不明白这个道理，也不知道如何去培养自己的“精、气、神”，这也大大牵制了中国经济健康稳定的发展，甚至改变中国经济走势。

(3) 为什么要挽救中国企业家的精气神

我们为什么要提出（势）精气神这一话题？为什么要重提近百年实体经济的发展？实在是因为我们国家的企业家精气神的全面溃散，已到了惨不忍睹的状态。

近几年，中国经济发展面临很多问题，虚拟经济发展过盛，实体经济发展受到抑制，经济危机的阴霾一直笼罩着中国经济。一些企业家发现，真正搞实业的净资产收益率能达到10%～15%就是很高了，但是搞一次创业板投资可能利润就高了六七十倍。于是一些企业家就开始放弃自己的主业，转而投资于房地产、股市等虚拟经济。当然，出现这一局面的原因，除了利润的诱惑，便是企业家自身精气神的缺失。

第一，中国企业家“精”的缺失。在电影《让子弹飞》中有一句台词

“站着就把钱挣了”，这句话也可以用来讽刺今天的企业家的生存困境，有很多人认为中国商人“现在基本上是跪和半跪的状态”，因为实体资本大量转入虚拟经济，资金链条断裂，资金之源枯竭，各种疾病便乘虚而入。温州的立人集团便是一例，企业“先天之精”不旺盛，则“生命之根”迟早会动摇。

第二，中国企业家“气”的混乱。企业家要明白：我为什么创业？企业的终极目标又是什么？不仅仅是为了赚钱，要把这些都自觉地与国家强盛、民族复兴联系起来。这样企业家就有了沉重的历史责任感，就有了企业发展更强大的推动力，也就有了“胆气”与气概。近代中国，备受列强欺辱，所以当时的企业家都普遍具有“气”。

但是，今天的中国已经强大起来了，很多企业家开始忘记耻辱，忘记自己要有“气”。在当下的中国，不管走到什么地方，你如果问及企业的目的是什么？人们似乎不用思索便可以回答：赚钱！

许多经济学家、管理学家都在告诉我们，企业存在的目的就是利益最大化、就是赚钱。有人说，不赚钱做企业干什么？认为做企业就是为了赚钱。但是，许多中国500强企业证明，那些赚很多钱的企业不是以赚钱为目的的；而以赚钱为目的的企业，反而总是做不大，也赚不了多少钱。在近年的温州事变中，在鄂尔多斯动荡中，那些一心赚钱的企业制造了多少人间悲剧，都是充分的证明。

第三，中国企业家“神”的黯然。当代中国很多企业和企业家都是“灵光一闪”，然后迅速消亡或没落。晋商的理财潜质曾为商界一绝，但当今语境的晋商文化已经是风吹雨打流去。山西煤商的庞大军团成为中国奢侈品消费的代名词，北京、上海的高档楼盘一个接一个地去山西推广，全球奢侈品牌一个又一个地算计着山西商人需要的东西，这个中国北方煤炭大省的成千上万小煤窑主们，把他们大把的钱购置了为过去困苦生活洗刷记忆的不动产上。

当一个地方的商人把资本用来消费传统的奢侈品时，当一个老板女儿结婚把钱花得像流水似的，预示着一场衰落的到来。企业家的神采全集中在暗淡的角落。

百年来，坚信实业救国的企业家们未能实现自己的理想，历史在中国改革开放后却走上了另外一个轨道。在激烈竞争的市场面前，当商业逻辑与理想逻辑剧烈冲突时，中国企业家将展现怎样的选择，将走出怎样动人的曲线？我们无法想象，但我们可以确定的是，中国杰出的企业家绝不会简单、轻易地向商业逻辑就范。

然而，中国新时期以实业救国为己任的企业家将以怎样的精气神出现，中国企业界需要一面旗帜。

第二章

带团队的第一步——选兵选将

99%的企业选人错在哪里

企业招聘的思路从根本上决定了新入人员的品质，很多企业走到了今天招聘人才的模式还是20世纪90年代那一套，招聘者（HR）从个人角度出发去初次面试，根据个人喜欢的性格、长相、习惯、衣着等方面筛选出若干简历，这就决定了你的企业在招聘，在选人这条路上年年招，甚至月月招，而且招一批死一批。原因在于：

1. 自己都不是高手，怎么能招聘到高手

真正优秀的人，不是你去招聘他，而是去吸引他、影响他。在你选择他的同时，别忘了他也在选择你。记住，你的状态，你的形象，你的水平就是你影响别人的资格。

2. 内心里排斥优秀

招到太优秀的人，面试者怕自己地位受到威胁。所以招聘到的都是和自己能力差不多，甚至是比自己差的。假设让一个市场总监去面试一个新的市场总监，结果会怎么样呢？所以招聘企业核心人才时老板必须亲自上阵，不是不相信下属的办事能力，在这方面下属难免潜意识的会犯错。

3. 太过相信自己

总以为只要新人态度好，能听话、肯学习，相信通过自己手把手的去教没有调教不成人才的。如果这样的话人才就开始泛滥了，还何愁企业发展的压力。

4. 自己说的废话太多

面试过程中面试者滔滔不绝表达自己的观念和见解，却很少听到应聘

者的状况，应该多问、多听、多记、多观察。

5. 问话问不到核心

面试时一张嘴就是：为什么离开原来的公司啊？觉得以前老板怎么样啊……在应聘时，有42%的人对自己的过失说谎。越是光芒四射的履历，越需要你去验证。面试100个人，能有几个员工会主动诚实地说自己是被开除的，所以传统的有些问题本身就是废话，只有问对问题才能察觉到真相。

6. 招聘会准备不完善

一方面表现在负责招聘的人员缺乏专业的训练：个人形象、状态、语言、接待方式、专业话语等。另一方面表现在现场布置不能体现公司形象、流程不流畅、缺乏说服力强的资料或视频，根本不能打动应聘者。

7. 很失败的招聘广告

我们先来看一个某公司的招聘广告：

> 国内知名的大型品牌企业，因市场开拓的需要，急需招聘市场销售人员，一经录用，待遇从优。相关的条件如下：
>
> ①年龄30岁以下；
>
> ②大专以上学历、营销专业毕业优先；
>
> ③本行业3年以上的相关销售经验；
>
> ④诚实守信，五官端庄。
>
> ……

到现在还有无数企业在用类似这样的招聘广告，所有的表达说不到人才真正的特征上，这样的广告没有多少实效，说到底就是浪费公司的财力、人力、物力的罪魁祸首。

年龄能决定一个人的业绩吗？相反30岁以上销售人员的高端人脉、生命的阅历也是不可忽视的财富。

学历能决定业绩吗？很少听说，但好多企业却一直在写这样的废话。

有一次我质问一位销售副总：你企业销售前三名是不是学历最高的？

他低头否认。

我接着问：你认识的本地20家企业中，他们每年的销售冠军是不是学历最高的？

他说：这个概率还不到10%。

我说：既然还不到10%的概率，那这种要求就是些废话。

很多HR在选人的时候，通常先关注学历，并且将此看成是否录用对方的重要因素，这个观点不正确，很容易将“高分低能”的人招致团队内。

此外，几乎所有的招聘启事中都能看到“有相关工作经验者优先录用”的字样，客观地说，从事过相关工作的人，比没有相关工作经验的人，能够在更短时间内适应工作，但是没有工作经验的像一张白纸，更容易塑造和培养。学历和工作经验固然能反映一个人的过往，但不能成为选人的唯一标准。

有些员工的学历并不高，却能很快融入团队，表现出较强的工作能力，有些员工没有丰富的工作经历，学习能力却很强，在短时间内能赶超其他人，这几类员工虽没有“光辉”的过往，但很适合所在的岗位和团队。

可见，HR单看学历和工作经验是不全面的，不是所有岗位都需要“高才生”，只需要同岗位匹配的员工。

专业能决定业绩吗？我曾经在课堂上做过现场调查，其实很多大学生毕业后只有少部分从事本专业，绝大多数都在非专业领域干的风生水起。就像我一个美术专业毕业的孩子，从小内向而且极其自卑，尤其不敢在人面前讲话，15年前我做梦都不敢想我会从事演讲这个行业，结果说明以专业做限制，将抹杀无数人的辉煌。

长相决定业绩吗？我发现很多销售冠军长相很一般，很多企业的核心人物没几个长得像刘德华一样帅气的。就像清华的女学生，好多都长相很普通，但却是才华横溢。

工作经验决定贡献吗？也不一定，关键看他是否有强大的学习力，因为我们面对的是一个多变、危机、速度的时代，抱着旧有的成功方法不放，抱着曾经的工作经验注定是要被淘汰出局的。

我们再来看看传统的招聘广告对人员职位的描述。

①有三年以上的销售行业经验；

②具备良好的沟通能力表达能力；

③具有吃苦耐劳的优良传统；

④敢于挑战自我；

⑤能够熟练地使用办公自动化软件；

⑥有良好的团队合作精神。

这家公司对所招聘人员职位的描述，是各大媒体上非常常见的，几乎90%的企业都是这样千篇一律，表达其实也很模糊。

请记住：你到底要招聘什么能力程度的销售人员？你的广告要影响谁？吸引谁？针对谁？你是否要把大量招聘的时间花在那些没有价值的人身上？

因为当一般的销售人员看到这个职位描述后都会觉得自己是符合条件的：销售嘛就是动动嘴跑跑腿，这个我干过两年了；沟通嘛就是和客户讲话，这个没什么难的；至于办公软件嘛，文档我也会打字会画个表格，也算没问题吧……当你的描述表达模糊的时候，该来的、不该来的都来面试，无疑增加招聘的时间成本和招聘质量。

如何清晰明确地表达对人员职位的描述呢？

比如，某行业销售人员职位可以这样描述：

①你的普通话能够让90%的人听明白；

②你在电话中的语音让80%的人感觉舒服；

③对一篇文章的复述符合逻辑，准确度达70%；

④每周通过网络黄页或其他途径收集100个有效客户名单；

⑤每天和 15 个以上目标客户进行信息沟通；

⑥每天有 2 家以上客户有效拜访；

⑦每月有 3 家以上成交客户，业绩 3 万元以上。

一般看完这个描述，那些缺乏实力、缺乏自信、缺乏狼性的销售人员就直接把自己淘汰了，这无疑也是降低了你的招聘成本。让那些真正有企图心的、有真本事、想干事的聚到了你的麾下，而且以后工作起来，也不会抱怨工作的压力，这在无形中更加明确了他们的岗位目标和要求。

管理者既然知道了自己在选人方面存在的误区，就要积极改正，团队才能不断吸收新鲜血液，助推其发展。如果管理者不改变之前的错误观念，这不仅组织了一场失败的招聘工作，还会扰乱原有的工作秩序，给接下来的工作带来麻烦，这些是管理者实际选人方面的一些基本问题。

选对人比培养人更重要

这些年在大学演讲过好多场，经常问一些同学：为什么选这个专业？喜欢吗？回答是：不喜欢，但这个专业热门将来好赚钱。在一些企业我也常问一些员工：为什么来这个行业？喜欢吗？回答是：不喜欢，但这个行业赚钱啊。悲哀，这就是选择的悲哀！

1. 为热门而选择了不喜欢的专业

选择了不喜欢的专业，结果就是越学越没劲，越学越趋于应付。

哈佛大学对 1500 人做了一个时隔 10 年的调查，当时问他们："选择这个专业是因为爱好还是为了赚钱？"其中 1255 名学生回答是因为考虑赚钱而选择的，245 名学生是因为爱好而选择。结果过了 10 年后，再去调查，发现为爱好而奋斗的人有 103 人成为富翁。为赚钱而奋斗的人只有 12 个成为富翁。

2. 为赚钱而选择了不喜欢的行业

很多人选择工作的标准是：首先看工资待遇，再看自己喜不喜欢。只要薪水高，就拼命挤破头进去了，几个月后新鲜劲一过，工作就成了熬日子，还舍不得离开或者害怕离开。这样的员工在企业就只能是人数，而不一定是人才了。

3. 选对人才就是降低企业成本，核心人才不仅是你选他，他也在选你

曾有学员提出疑问："是选对人重要还是培养人重要?"我的回答毫不犹豫："选对人更重要。"许多企业在"选兵、选将"方面花费很高成本，他们如此用心地做这件事情，无非是希望把贤才招致麾下。终于人是招进来了，如果招来的人是一般选手，那么企业在培养其能力方面的时间成本、岗位成本和金钱成本等更是无法估量。

作为带团队的第一步，选择人才的目的是让有能力、有潜力的人来自己的团队工作，这需要管理者运用"火眼金睛"，把不适合的人找来，团队可能要消耗更多"培训成本"，甚至在"培训"期结束后，他还是无法适应环境，你更容易陷入"两难境地"，不论放他走还是留下来，团队都得承担损失。

有些管理者说："我可以通过努力，把员工培养得更优秀。"这种想法并非不可行，但是真正有天赋的人，会比其他人的领悟能力更高，培养效果也就更明显，由此可见选人的重要性。有的人天生不适合做某项工作，即便努力培养他，也不可能比有天赋的人更出色。与其这样，不妨在选人的时候就把好关，除了学历背景、工作经历外，你还需着重关注他性格特质，例如：他的个人风格与团队文化是否匹配？他是否有强烈的成功欲望?

管理者选择了合适的员工，等于说降低了管理成本，例如，员工与岗位越匹配，磨合期就越短，从而保证了团队长期处于正常秩序中。

选人的时候，很多管理者只关注对方是否优秀，有多大能力，却忽略

了对方是否特别爱好这个岗位。进行招聘的时候，你需要将本企业文化传递给应征者，看看他们的反映和理解，以免今后的工作产生很大摩擦。

努力固然能提升一个人的技能，但始终无法代替他对这份工作的喜爱和天赋，有些人喜欢坐在办公室里，写报告、制作表格、计算成本、设计方案；有些人喜欢和人打交道；有些人喜欢偏感性的工作；有些人对偏理性的工作感兴趣……如果将这些人安排在适合的岗位上，不仅矛盾和郁闷减少了，而且还能更大限度地激发员工潜力，对管理者来说，是非常棒的消息。

锦上投资公司的时洪光董事长是个四十多岁的中年人，他创立的企业已有十多年了，锦上投资公司已经呈现出了很大的规模，新年伊始，公司正在为招聘会做准备，不少岗位需要高管。

前来应征的人很多，HR先初步筛选了一番，交给各部门主管，让他们再进行挑选，然后给选中的人打电话，让他们过来面试。

时董让秘书安排好时间，他要亲自参加面试，这是他的一贯风格：必须认真挑选员工，要选出最合适的人。

面试当天，时董首先讲了自己创业的经历和辉煌，以及公司未来的规划。接着向每一名应征者提问，有些问题与工作无关，有些则是相关人员必须具备的，面试用了三个小时。

结束后，时董让HR把应征者的资料收集好，然后交给他，HR很快完成了这项工作。

第二天下午，时董召集各部门主管开会，内容是如何选择那些应征者，会议没有涉及其他事情，把精力集中在了做好选人工作，一个多小时后，大伙儿的意见统一了，这次招聘活动正式结束。

时董的朋友很不解：为什么招聘会能够受到他的如此重视，董事长还要亲自参加？

时董说："选对人才比干对事都要重要，真正的人才不仅是我在选他，其实他也是在选我，选择我的信心和企业未来方向，选择团队的风气，因为这些人是靠实力做事的，他们骨子里不怕找不到工作，我最怕的是影响不了这些人，他们的离开是我最大的威胁，因为他们会出现在我竞争对手那里，所以我必须亲自出来影响和说服。另一方面在这些人当中，有一部分人将来会成为我的同事，所以我会尽可能安排出时间，尤其是选择管理人员，他们能否适应这个团队，需要经过观察、分析，我现在花几个小时选择员工，是为了避免今后花更多时间管理他们，真正适合的员工，会自己安排好工作，我就有更多时间处理自己的事情了，为他们提供更广阔的平台。”

这番话很有道理，刘逸舟老师也经常提醒我们，企业招聘管理人员，不能派一个人力资源专员去面试，面试的人一定要在职位上相匹配。

如果管理者没有在选人问题上把好关，将来可能要花十倍甚至百倍成本去弥补漏洞，尽管某些员工很努力，但是同与有天赋的人相比，前者还是无法赶超后者的。

很多管理者一开始总是信心百倍地说：“我会努力带领员工，把他们从不行变到行。”这且不说要花费多少成本，就算你再努力，也不敢保证将他们训练到完全与岗位相匹配，更何况你还有那么多工作要处理，其他员工同样需要你，何必在“不合适”的员工身上过分花费成本呢？

在“选择”和“努力”两者间，管理者应该向哪一个靠拢，很多人心里已经有答案了，但是，选拔人才是比较复杂的过程，还有很多细节需要得到你的关注。

4. 放对位置才是人才

选人，重在用其所长。你永远不要去想改变一个人的性格，但你可以把他的优势面发挥到极致。

因为需要一个拉磨的，所以把千里马放进来拉磨，这不仅毁了千里马，也对千里马不公平。一个人最大的优点也许只有一个，别指望他什么事都能干得很出色，放对位置的才是人才。

晋·葛洪《抱朴子·务正》：“役其所长，则事无废功；避其所短，则世无弃材。”任用人的长处，则凡事不会不成功；回避其短处，则世界上没有不可用之才。《晏子春秋·内篇问上二十四》："任人之长，不强其短；任人之工，不强其拙。"用人的长处和优势，而不勉强人的短处和劣势。

优秀的500强巨头们是知人善任的实践者，摩托罗拉、GE等许多公司通过工作轮换等办法，让员工找到最适合自己发展的职位与空间，确保不浪费任何一名有才之士的才华。

千里马跑起来一日千里，但是用它来耕田却不如牛，汽车能承重，但渡河却不如船，正所谓"庸才"就是把位置放错了的人才。一个人干自己喜欢的或合适的更容易干出结果，更容易赚到大钱。

比如说你选了一个队员叫刘翔，你说公司缺一个唱歌的，就安排刘翔去唱歌了，还要逼着他好好地发挥价值，如果不好好干就开除，结果他就真的被浪费了。其实不是刘翔不是人才，错误全在选人的人不会知人善任。

在知人善任上刘邦恰恰做到了这一点，而且他也非常清楚地知道，一个领导最重要的才能是什么，如何调动部下的积极性，下属都有什么才能，他的才能是哪些方面的，有什么性格，有什么特征，有什么短处，放在什么位置上最合适。这个也是一个领导最大的才能，事必躬亲的领导绝非好领导。作为一个领导，要做好掌握一批人才，把他们放在适当的位置上，让他们最大限度地、充分地发挥自己的积极性和作用。刘邦深谙此理，用韩信带兵，张良出谋，萧何保后，都安排得有条不紊，刘邦也因此而成为他这个集团的一个核心。

生活中也是这样，我们在找另一半的时候，也会去寻找适合的人，而不是特别优秀的人。因为两人今后会生活在一起，如果不合适，没有共同语言，一定无法走下去，管理者选择员工，也是这个道理。

员工与岗位的匹配程度越高，双方的优势越能最大限度地体现出来，我常听到不少人抱怨："这个工作一点都不适合我，简直糟透了。""我很讨厌这份工作，我一点都不想上班。"长期被这种负面情绪影响，员工的潜力还能得到激发吗？

身为管理者，你应当意识到，与其招来特别优秀的员工，不如安排适合这个岗位的员工来上班，他们会更加珍惜这个机会，只要员工用心工作，团队就有进步的空间。

一个零件哪怕质量再好，只有放到该放的地方，它才能发挥出它最大的价值，否则就不是零件的错，而是使用者不会支配。

5. 选择值得管理者努力的员工

虽然知道选择比努力更重要，但并不代表管理者将员工招进团队后，就不管不问，毕竟他们对企业不熟悉，自身技能也有很大提升空间，所以，在选人的时候，要选择值得管理者努力的员工，目的是让他们成为更优秀的人，推动团队的进步。

这就需要管理者去发现应征者的潜力，不妨听听他们对某些工作的看法，从而判断对方是否愿意思考，是否具备上进心。

> 某次，我帮江苏的一家企业设计招聘程序，我当时问一名应征者："你觉得公司现有的产品包装设计，存在哪些问题，要是让你去做，你会如何改变？"
>
> 很快，他就给了答案："我觉得现有的包装除了装东西的功能外，没有别的用途，客户拿回家后，只能丢掉或是再装其他东西，没什么看头，如果我来设计，我会给它另一个'身份'，让他有看头，摆在家里成为一件装饰品。"

我很满意他的回答，至少他是个愿意思考的人，这类人最容易进步，也愿意学习新东西，属于"孺子可教"型的，若是将他招进团队，能力会很快得到提升。

俗话说"天助自助者"，如果你连自己都不看好，怎么能够要求人家来看好你呢？管理者在选人的时候，一定要看他是否适合眼前的岗位，可能要在此方面花费很多时间，不要觉得可惜，这是在为将来的管理工作争取时间，当然，在此过程中，你还需要了解应征者是否有提升的空间，如果有，你的努力也不会白费。

如何选兵——选人的三大核心

兵不在多，而在于精；将不在勇，而在于谋。选对人才能做对事，企业家在经营人才层面上的首要工作是选对人！会选的使用的都是选人的核心知识，不会选的掌握的全是外围知识。如果你选人的方法是绝大多数企业管理者都在使用的一套模式，就表示你还不会真正选人。你的招聘专业度将决定你的招聘品质。

1. 真正的人才都有哪些共同特征

很多人力资源或者老板选兵时，眼睛总是聚焦在新员工的学历、工作经验、所学专业等方面，这些也可以考虑，但绝对不是人才的最大特征，更不是我们选择人才时的唯一标准，选人前注意观察多家企业现有优秀人员的共同特征，触摸到这个特征，你才知道真正人才的内心到底是些什么？

选兵我总结了这样一些基本特征，值得你借鉴。

①不选最优秀的，要选最意愿改变命运的；

②不选要价最便宜的，要选最想让父母过上好日子的；

③不选以学习为目的的，要选有学习力的；

④不选对公司要求高的，选对自我要求最高的；

⑤不选经常跳槽的，选有心定下来的；

⑥不选抱怨以前公司的，选感恩、报答父母、家族的人。

通过以上提示，我想你对选人已经有了一个初步的思路，这才是选兵最基本的思想，然而掌握这些还远远不够，下面这两步才是选兵的核心。

2. “认可”是决定追随的关键

选兵的时候，不是我们在招聘人才，而是人才在选择我们，你要注意首要的因素，就是得到对方的认可。其次是对方的企图心，两者缺一不可，因为这是好兵必备的基本要素，不认可公司和老板的员工缺少底线，没有企图心的员工就像一摊烂泥，永远不知道上进心是什么。

选人是最关键的一步，我们需要的是认同我们企业价值的人。为什么获得认同比较重要，例如在革命年代，红军没工资没奖金，还得自己带着粮食跑到山上去打游击战。就是因为这些人认可我们党的价值观。

一般人力资源都是喜欢招聘有经验的人，而且喜欢大公司出来的，因为有经验的上手比较快，员工一到就可以接班。可是后来你会发现，那些新人根本不把你和公司当回事。比如，他们之前是在某大公司工作的，某大公司是品牌企业，可是咱公司没有这样的优势，结果他们看这里不合适，看那里也不合适，不到三天就走人了，更别说干三个月、三年了。

这种情况在企业界是很普遍的，类似这种情况我反复试过好几次，最后得出的经验是要招聘一些没有经验的人，没经验的人凝聚力更好，可塑性更强。

因为，当我们在面试员工的时候，同时他们也是在面试我们，他在想，我们能给他们带来什么，他为什么要选择和我们并肩作战，而不是选择去大公司呢？大公司比我们有保障。所以相对来说，我们这些小企业是比较难招人的。所以情况不同，采取的方式也会不一样，因此我们在招人的时候，我不问他们有多少年的经验，什么样的学历。我只管介绍我们有什么样的优势，能给他们带来什么，要吸引到他认可我们，崇拜我们。最后面试结束时认可我们的通通留下，不认可的能力再强我也不要，因为我们也驾驭不了他们，何况他们要的我们给不了，我们要的他们也给不了。

其实老板就像是产品，企业能否做大做强，取决于能把自己卖给多少个员工，员工信任我们、认可我们就更能接受公司的文化，更好的听从我们的工作。总的来说，在招人方面我们要招认可我们的人！

认可你的人就是你的梁，你的柱，没有认可就很难有持续的追随。就像找对象，如果你追求的女孩，你对她很喜欢，而她对你没感觉也不认可，那么就算结婚了，她依然有很大可能先抛弃你。比如史玉柱当年遭受的几乎是灭顶之灾，还负债几个亿，后来他能东山再起，就是在他身边始终有 20 多个坚定的认可他的人，始终追随他、支持他。

企业选人也是一样，你面试的新人对老板、对公司、对产品喜不喜欢才是关键。而许多面试官留下的全是自己看着喜欢的，自己觉得不喜欢的就把人家淘汰了，而自己觉得喜欢的留下的那些新人，却不知道喜不喜欢你这家公司和老板？如果新员工一进来就对公司没多少认可，在他心里公司就只是他的临时停靠站，等找到他发自内心认可的平台时，他可能毫不犹豫地就选择离开。

一个老板能打天下，开始就是很多人跟他干。很多人跟他干，追随他，就是因为他们很认可老板，老板骂都不走，发火都不走，批评也不走，欠点工资也不走，就是因为他们认可，所以认可产生力量。只有认可企业产品，认可企业团队，认可企业领袖的应聘者，才能很快融入企业，做到全身心投入。

这是许多 HR 在考察新人时常犯的错误，通过我在课堂上的调查发现这种错误达到 80% 以上。

那么如何让新人迅速认可公司、认可老板呢？

①先训练招聘团队，他们表现有多优秀就决定吸引有多优秀的新员工。

②注意细节，招聘物资整洁度、招聘人员形象、招聘现场的布置等。

③拼命把公司前景和老板做事的雄心、魅力充分展示给新人，而不是让新人先拼命展示他自己的过去和雄心。

如果通过你对公司、对领袖、对产品的展示，新人已经听的热血沸腾、激情澎湃时你的招聘就成功了一半。

让新人达到认可，就是公司选人最核心的一步，在企业走向辉煌的路上，只要有人追随你、认可你，你一定可以成功，因为公司的强大就是靠那些有认可度的人，就是靠心腹、知己支撑起来的。

3. “企图心”——为父母尊严而战的巨大力量

有企图心才有尊严，没企图心就没有尊严。没有企图心就如行尸走肉，浪费生命资源甚至地球资源。

选基层人才就要看企图心，看他强烈的赚钱的欲望、成长的欲望、改变自己和家庭命运的欲望。有强烈企图心的人，你不用教他学什么，因为他甚至会偷着学，这就是企图心。为做成某件事情，或达成某个既定目标的愿望，与一般愿望不同，它应该是非常强烈的，不然无法起到推动作用，而你就是要观察应征者是否存在这样的愿望，当他的愿望能构成“企图心”时，证明是你要找的人。

“为家、为父母尊严而战!”这句话不是杨昌行用嘴讲出来的，每次都是从他内心迸发出来的。他在大学刚一毕业时通过我的推荐就直接进入三为盛世，我一直非常关注他的成长，他也没有辜负所有关注、支持他的朋友们的期待，短短两年的时间他就在三为盛世取得了卓越的进步。我非常的清楚这一切的收获，是他内心有一股强烈的企图心，所以每次讲完这句话，他都是神情激动，有时甚至眼睛里泛着泪光。

杨昌行是一个很有上进心和企图心的人，有一次他在课堂上的分享感动了很多学员：“每次听完管策老师的课程，心情总是久久不能平复，这让我时常想到我那平凡的父母，他们把我辛辛苦苦养大成人时，我不能只是嘴上说感谢的话，父母是这个世界上最爱我们的人，他们根本就不要求我们报答些什么，只要我们能够平平安安的生活就好。可我们就真的能够心安理得不管不顾地去过自己的好日子，对为你付出大半生心血的父母视而不见吗？树欲静而风不止，子欲孝而亲不在，我把管老师提醒的这句话签在我 QQ 上时刻地提醒我、激励我，每当想起这句话，我都会更加加倍的努力和及时的感恩父母，父母把我们带到这个世界上来非常的不容易，把我们养大也非常非常的不容易，我不想等到父母吃也吃不下，走也走不动时才去尽孝，到那时再送给他们金山银山又能怎样！再说那也未必就是他们想要的。所以我不想让这样的悲剧发生在自己的身上，我不想等到父母已经离我远去时，才想到要报答他们的养育之恩。”

带着这样的企图心和在对自己近乎苛刻的要求下，在没有多少工作经验和社会阅历的前提下，一个理工类毕业的大学生杨昌行在短短两年的时间里成为上海三为盛世总部 2012 年度的销售冠军，而且也刷新了三为盛世总部乃至西北培训行业个人成交的最高纪录。2012 年著名经济专家郎咸平教授和刘逸舟老师的论坛，门票提前一周售完惊动了整个同行业，而在业务拓展和运作上杨昌行起到了关键的推动作用，那次论坛的成功他的功劳有目共睹。

到底是怎样的力量让他不知疲倦，时刻保持着旺盛的战斗力呢？是“企图心”——是为父母尊严而战的强大力量的支撑。

记得有一次在和几个同事，谈到感恩父母的话题时，我当时问他们：你们是怎么感恩父母的？有人说：我要更加加倍地努力工作，赚更多的钱，让父母住上大房子；还有人说：我要给他们买很多好东西，带他们去环球旅游。从这些话语中，能深刻地感受到子女对父母的一片孝心，我也一直有这样的想法，但后来我发现，当这些大的想法，大的孝心无法及时实现时，是不是我们就要搁置，就要等待？后来我终于明白了：感恩父母，不必等到功成名就时，只要把口头的东西落到实处，就是真正的孝心。比如多和我们的父母聊聊天，常回家看看，或者多往家里打打电话，再加上我们工作上的出色表现，就是对父母最好的安慰！所以各位优秀的伙伴，我知道大家都很孝顺，那今天我们坐在这里，不要说再去为谁而努力工作，就为了我们可爱可敬的父母，再加一把劲吧。

所以各位优秀的伙伴们，此刻，让我们放下心里所有的一切，也暂时地放下书本，让我们轻轻地闭上双眼，再仔细地回想一下那两张熟悉的面孔，再回想一下为我们付出大半生心血的父母，让我们在心中默默地呼唤他们的名字。你是否已经看到，他们的两鬓已经斑白，曾经背你的笔直的背也已经变得弯曲，皱纹也已经慢慢地爬满了整个脸庞。你已经有多久没有见过这两张熟悉的面孔？你已经有多久没有听到他们熟悉的声音了？你已经有多久没有向他们报一声平安了？就让我们再仔细地端详一下这两张熟悉的面孔吧！是的，我们在外面干事业非常的不容易，在外面打拼也非常的辛苦，可是，再忙再累我们也不能忘记感恩父母，再忙再累我们也不能忘记生我们、养我们的父母啊！

当你迷茫、当你犹豫、当你浪费生命的时候，别忘了，家是每一个漂泊在外的孩子的动力源泉。

那么领导者如何发现员工强烈的企图心？作为管理者在遇到应征者的时候，都会产生迫不及待招他进团队的想法，那么，你如何从应征大军中发现他们的企图心呢？不妨利用以下几个提问：

"过往的经历中，你是否存在迫切想实现的愿望，结果是什么？"

"说说你10年后的今天？"

"你此生一定要达成的三件事，是哪三件事？为什么一定要达成？"

从应征者的回答中，找出那些拥有强烈企图心的，这才是你要的兵。

如何选将——将才要有万念归一的信仰

《隋唐英雄传》中有这样一句话："将不仁，则三军不亲；将不勇，则三军不锐；将不智，则三军大疑；将不明，则三军大倾……"所以选将时，发现将帅如无仁爱之心，则三军疏而不亲，如此何以号令三军，这是领兵的基本之道。

中国华萃教育的创始人、中国著名亲子教育专家何虹洁老师，之所以能够在国内吸引无数优秀成功的职业经理人加盟华萃教育，就是因为加盟的合作伙伴深深的感知到何老师是一个非常有仁爱之心的领导者。在国内包括听过她课程的学校校长、老师以及家长对华萃的信任和支持都是因为被何老师那份仁爱之心所感染，何虹洁老师对孩子、对员工都是那样的至真至爱，他们深深地知道给孩子选择怎样的训练营并不重要，而选择一个怎样的老师那是可遇不可求的事。

我也一直在研究为什么何虹洁在国内如此的受学校和家长的欢迎，核心也许并不是训练营本身，而是何虹洁老师在家长和学校校长的内心是无可替代的一位好老师。

为什么好多企业年年招人、月月招人？为什么员工总是留不住？为什么留住了员工的人也是留不住员工的心呢？我想关键问题就在于领兵的将到底是怎样的内心。所以企业选将的前提就是为将者一定要有仁爱之心、度人之心，员工才肯信服于领导者，才会觉得有希望。除此之外选将还有哪些核心要素不可忽视呢?

我的家乡叫水车湾，是大西北很普通的一个村庄，虽然她不是很富裕，但是我深深地爱着我的家乡，这是我的信仰，我的立场。今天我们所在的企业或老板，就算再不好，也是我的企业、我的老板，这是我的信仰，我的立场。我更是一个中国人，祖国母亲再不好，也是母亲，这是我的信仰，我的立场!

1. 万念归一的信仰——坚定不移地和企业站在同一个立场

我是“中国人”就是一个立场，这不单单是一个称谓，当一样东西变成了立场就意味着不能动摇，不可侵犯，是做一切事情首要考虑的前提。当自己明确了这个立场的同时，就明白了“中国人”虽然不能避免别人的挑衅，但是绝不能对其有任何亵渎!

2007 年刘逸舟先生在吉隆坡参加亚太区演讲大赛，当时一位美籍华人的讲师在演讲过程中，数次提到大陆的国民素质、卫生、习惯方面，这里不好、那里不好等。没想到他的言论深深地触到了刘逸舟先生的立场，等他上台后严词以对：“我们是一个中国人，我们的责任是建设我们的祖国，哪有儿嫌娘丑的道理？祖国母亲再不好，也是母亲，这是我们的信仰，我们的立场……”他当时的这句话话声还没落，立刻让现场来自 30 多个国家和地区的所有参赛者掌声雷动。

很多老板做企业前雄心勃勃，一激动就大喊要产业报国，未来如何成为行业领导者、成为某市第一名等。可悲的是当你这样想的时候，你是否问过你的领导层是不是和你有同样的想法呢？你是否一想起未来就激动得不得了，就激动得睡不着觉了，可是你是否知道当你睡不着觉的时候，你的团队有多少人却睡不醒啊。所以你必须反思，你能让多少人和你一样对未来事业激动得睡不着？你如何让你的团队和你拥有一样的信念？这将决定着你有多大的胜算。

世界第一名总裁杰克·韦尔奇坚决不用的有三种人。

（1）坚决不用摇摆不定的“墙头草”

做大事必须是一个立场，一条心。许多在职场中工作直到中年如果还不能走出“选择大于努力”的怪圈的人，只能成为逐渐暗淡的“潜在英雄”。别把生命耗费在永无休止的选择上，不要永远扮演挑选别人的人，你纵有满腔才华，也不可能行行玩得转，所有成就大业的人绝大多数都是聚焦在一个领域、一个平台上、一个专业上，所以是该给自己挑挑毛病的时候了。别忘了人一辈子最可悲的不是不认识这个复杂的世界，而是不认识自己。

（2）坚决不用不愿改变的“木头”

在今天这个竞争激烈的环境下，如果还是靠经验吃饭的人一定走不远，经验只代表过去成功的方法，企业永远不可能活在过去，没有创新哪来未来的发展，成功来自创新，来自与时俱进。

（3）坚决不用无法与人合作的“荒野之狼”

《西游记》中的沙僧如果继续在流沙河当老大，那他终其一生也是一个妖怪的宿命，但他选择了追随师傅唐僧，选择了配合大师兄和二师兄扛行李、护师傅，忠于职守，最终协助师兄们斩妖除魔取得真经，自己最后也成仙成佛。而牛魔王之所以始终是牛魔王，就是因为他只是一个妄自称大的荒野之狼。而真正的狼之所以成为草原之王是因为团队合作，在团队的支撑下，再强大的对手他们也不放在眼里。所以职场中的强者往往不是以个人形象出现的，而是以团队的形象出现的，只有这样，才让他们持续的基业常青。成就大业必须从心里长出干大事的信仰——万念归一的信仰。

2. 要有必成大业的野心

马云当年在创办阿里巴巴选将时，他说：“我请了 24 个朋友来我家商量，我整整讲了两个小时，他们听得稀里糊涂，我也讲得糊里糊涂。最后说到底怎么样？其中23个人说算了吧，只有一个在银行上班的朋友说你可以试试看，不行赶紧逃回来。我想了一个晚上，第二天早上决定还是干，哪怕24个人全反对我也要干。”选干事业有野心的人，你自己必须先有干事业的野心。

当时遭到了亲朋好友和合作者的强烈反对，马云依然保持着自己的斗志，他说：“其实最大的决心并不是我对互联网有很大的信心，而是我觉得做一件事，选干事业有野心的人，你自己必须先有干事业的野心。无论接下来是失败还是成功，经历就是一种成功，你去闯一闯，不行你还可以掉头；但是你如果不做，就像晚上想想千条路、早上起来走原路一样的道理。”

马云说：“很多人一生输就输在对新生事物上第一看不见，第二看不起，第三看不懂，第四来不及！”

你穷，是因为你没有干事业的野心，没有要过上好日子的野心！野心，是一种人生在世的伟大理想，一定要实现的宏伟目标。在这个世界上，只有不敢想、不敢做的事，却没有干不成的事！你的野心有多大，未来就有多宽广。

当年有一个贫苦不堪的勤杂工，却因一次人前的难堪，一次刻骨铭心的受窘，竟然成为举世瞩目、无比富有的女中豪杰！

最初，她在一家大公司里，是工作在最底层的员工，每天的工作就是端茶倒水，清扫卫生，根本没有人注意她。一次，因为没带工作证，她被公司的门卫拦在门外，不准进入。她告诉门卫，自己确确实实是公司的员工，此次是为公司买办公用品去了。然而她好话说了一大堆，门卫仍然对她不屑一顾，不准她入内。这期间，她眼睁睁地看着那些年龄相仿、身着职业装的白领们先后进入了公司的大门，根本没有出示工作证。于是她问门卫：“这些人没有出示工作证，怎么也都进去了？”门卫用一种鄙视的目光上上下下打量了她一番，冷冷地一摆手，那意思就是说：“走远点，别烦我！”她感到了莫大的羞辱，自尊心仿佛被门卫狠狠地踩在脚下，踩个稀巴烂！她看看自己寒酸的衣着，和手中推着脏兮兮的平板车，再看看那些衣着华丽的人，她的心被深深地刺痛了，骤然品尝到被人歧视的酸楚，她的心发跳、脸发烫、浑身颤抖。

就在这时，一个誓言，在她的心头轰然炸响：我一定要创造奇迹，成为万人瞩目的富姐，成为举世闻名的强人！让这种耻辱永远的埋藏地下！

从此以后，她开始利用一切机会来充实自己。每一天，她第一个来公司，最后一个离开。她分秒必争，将别人随随便便丢掉的时间都花在了学习和工作上。很快，她就脱颖而出了。在同一批聘用者中，她第一个做了业务代表。接着她又依靠超人的努力，成为这家跨国公司中国区总经理！她学历并不高，只有自考专科文凭，在中国的经理中被尊为"打工皇后"，后来，她又任微软公司中国公司的总经理。她，就是商界女杰吴士宏！

试想，如果当初，吴士宏没有改变命运的决心，没有成为富人的野心，或许，她一辈子都是那个贫穷而卑微的勤杂工！是野心，是无坚不摧的野心，铸就了辉煌！

你穷，是因为你没有极度渴望成为成功的野心！

你穷，是因为你没有燕雀缺乏的鸿鹄之志！

你穷，是因为你无法战胜自己内心的怯懦！

你穷，是因为你缺乏变不可能为可能的勇气和巨大决心！

有了野心，你才能克服一切自卑、逼出潜能！

有了野心，你才能坚持不懈、不断学习和改进，以最快的速度完善自己！

有了野心，你才会不畏一切艰难险阻。敢于创造出别人不敢、也不能的奇迹！不论你现在家境有多穷，地位有多低，都不要否定自己，都不要失去凌云之志。

一身贫寒的李嘉诚，当初比现在的你还窘迫，你又有什么理由继续受穷，不成为富翁呢？

记住，当你的家人数落你没出息的时候，没有人会可怜你！

当你的父母生病没钱医治的时候，没有人会可怜你！

当你被你的竞争对手打败的时候，没有人会可怜你！

当你心爱的另一半抛弃你的时候，没有人会可怜你！

当你 30 岁 40 岁还没有什么成就的时候，没有人会可怜你！

世界万物要么走向成长，要么走向灭亡！

等待就是浪费青春！靠得住的还是野心，是无坚不摧的野心，把自己彻底的交给企业，把自己交给那个你认可的老板，共同铸就下一个属于你的辉煌！

所以选将就要选他这种干事业的野心，有这种能量才是领导者关注的大问题，其他一切都是小问题，只有发现这样的核心干部，才能影响整个团队的势，只有培养这样的核心干部，才可以带动起整个团队。

所以那些在事业上拥有野心的人，才是你的将。因为他们符合将才的核心特征，刘备没有关羽、张飞、诸葛亮等就无法成就霸业；你没有核心将才，商界就不会有你的传说；核心将才才是企业的梁，才是企业的柱。

如何问对问题选对人

在应聘简历中，有 42% 的人对自己的过失说谎。越是光芒四射的履历，越需要你去验证。如果信任是管理的开始，那么怀疑就是招聘的开始，所以问对问题就是你深入了解的过程。

面试是招聘过程最重要的环节，一般情况下，HR 和管理者共同与应征者面对面，前者提出问题，由后者回答，以了解后者的能力和素质，面试时间一般不超过十五分钟，提问也应当尽量精练，最好是提出一些有代表性的问题，便于做出判断。

面试的前提是企业塑造阶段（认可）、然后按程序进行关系建立阶段、导入阶段、核心阶段、确认阶段和结束阶段，除了第一个阶段适合用封闭式问题外，其他阶段尽量用开放式问题，让管理者更多地发现应征者的特点，更何况在实际工作中，很多问题就是没有对错之分的，只有好与不好的区别，所以，面试环节多给应征者一些空间，他们就能发挥地更好，以便你选择更优秀的人。

当应征者刚走到你面前，可能存在紧张的情绪，这时候，管理者不宜提出难度较高的问题，不妨先了解对方的基本资料，或是提出一些改善气氛的问题，目的是让应征者的情绪放松，接下来，管理者可以根据自己想知道的内容，逐一提出问题，范围可以很广，直到你对应征者的能力有大致了解，面试就可以结束了。

我的朋友李弘毅在北京商圈打拼多年，他在企业员工招聘和药店终端培训方面有非常独到的地方，他曾帮助辅导过国内著名企业天美健集团的职位招聘面试测评。职位名称是高级营销总监，那次因为某些客观原因，李弘毅急匆匆赶到现场的时候，面试马上就开始了。李弘毅和董事长一同走进会议室，由于事先已做了筛选，今天来面试的，只有两位候选人，等到应征者入场，董事长的提问也开始了。

他向第一位应征者提出三个问题：

“你觉得自己的领导能力如何，这个职位要带领将近二十名员工，队伍很庞大。”

“你的团队协作能力如何？这个职位需要和多方面交流、沟通，没有团队精神的人是无法胜任的。”

“这是一个新设的岗位，没有前人指路，并且要求你经常出差，你觉得自己能适应吗?”

应征者是这样回答的：

“我的管理能力很强。”

“我的团队协作能力很好。”

“我能适应出差和高压的工作环境。”

此时，李弘毅已经觉得这样提问不妥，但出于对双方的尊重，直到应征者回答完毕，他才叫了“暂停”。

这些回答看似符合董事长的心意，却存在很大隐患，因为提问者已经把其他条件都摆出来了，他的管理能力强与否，提问者并不清楚；他的团队协作能力是否正如所说，都已经不重要，因为提问者希望听到肯定的回答，那么，他正好说“是”；谁喜欢出差和高压工作环境呢？但是提问者给了他很明确的暗示，必须让他说“是”，第一位候选人的答案就是这么来的。

李弘毅认为，董事长既然想了解对方的管理能力、团队精神和抗压能力，就应该将问题设计成开放性的，所以他用了一点时间，重新为董事长设计了几个问题：

“5 年以后你会在哪里?”

“如果下属之间出现矛盾纠纷，你会如何处理?”

“在什么情况下你的工作最为成功?”

“你曾经带团队最成功的方法是什么？这个方法今天还能否使用?”

“假如在公司受到委屈，你怎么办?”

……

在问题被重新设计后，董事长从两位应征者口中得到了更多信息，最终选定了他需要的员工。

1. 掌握设计问话的四个关键

①问困境：问他当时所面临的困难，因为经历和不曾经历是两种感觉，有困难表示是个做事的人，不经历困难表示没有做过多少实际的事情。对困境的态度就是对工作最真实的反映。

②问想法：问他如何想这个问题的目的在于发现他的思考问题和分析问题的实际能力。这是衡量一个人解决问题能力的前提。

③问行动：问他采取了什么样的行动，可以判断一个人在执行上的力度和刚度。

④问结果：最后我达到了什么样的结果？判断他对结果导向的理解，另一方面也表示我们是一家追求结果导向的公司，我们拒绝一切借口和理

由。一个企业要生存得靠结果，一个员工要生存要体现价值也是靠结果说话。

2. 该如何发问

• 请告诉我你最大的优点是什么？你未来对我们公司销售业绩最大的贡献是什么？

（通常应聘者会用许多形容词天花乱坠地陈述一番，也许和工作本身没有直接联系，也许直接击中工作质量的要害。而其中找不出任何的事实依据；其次，应聘者所描述的优点可能对你的单位的需求不符合，因而可能会变成一个负面的因素。）

• 你最喜爱的工作是什么？你的老板起了什么作用，使你的工作如此与众不同？

（听到这一问题后，应聘者常常会全身心地彻底松弛，温馨的微笑也会显现。然而，当他们大谈自己对过去工作的某一个具体方面的热爱时，他们的回答事实上会使自己被淘汰出局，因为他们所提供的不是他们过去的工作，而且和现在工作没有关系。）

• 5 年以后你会在哪里？

（一个现实的回答通常会表明应聘者的长期目标只有在三四年以后才有可能达到。让未来的新职员作出要在这几年里为公司效力的承诺，便于你作长期的精心策划，并能将以“缺乏足够的晋升机会”为由而出现的过早的工作变动的可能性降低到最低程度。）

• 你现在的上司认为你对他们最具价值的是什么？

（对应聘者所作的最后的业绩评估中，可以为上司解决实际的问题，将老板从费时的工作中解脱出来，或者将原先的业绩有了很大的突破，或者开发出了重点的客户资源，是这些应聘者的最值得称赞的地方。）

• 你遇到的最常见的两大反推销情况是什么？你会如何应付？

（无论你推销的是什么，这些为了阻拦人们继续往下说而设置的障碍通常会将销售人员击退。所以，你首先要观察的一件事是，应聘者是如何自信地对付这些反推销的。毕竟，说服工作在与新客户建立长期关系的过程中是非常重要的。)

- 你现在的工作条件必须有什么变动，才能使你继续在那里工作?

(在自愿变动工作的人当中，大约有 70% 的人不是由于技术方面的问题，而是因为人际冲突而变动工作。而在雇员留任或离职的原因中，工资因素仅被列在第四位。他的条件你现在的企业可以满足吗?)

- 你对你的好友怎样评价?

(通过这个问题可以了解求职者的个性。这个总是看起来与求职者的潜能无关，但它反映了一种趋势，那就是企业倾向于雇用有高尚道德标准和高超技能的人。)

- 在什么情况下你的工作最为成功?

(这个问题考查的是应聘者在什么条件下工作最有成效，你的回答将反映出应聘者青睐的工作方式，反映出那些影响应聘者成功的因素，同时也可能反映出他的某些缺陷。)

- 你在找工作时最看重的是什么? 为什么?

(通过提出这个开放式问题，面试人可以了解应聘者的关注重点，通过这个关注点又可以反映出他的理性思考能力。一定要表明自己对未来工作的看法，说明哪些方面能给自己带来最大程度的满足，这是回答这个问题的关键，但是回答这个问题的方法也同样重要。企业能够满足他的条件吗?)

- 什么样的情形会让你感到沮丧?

(这个问题是用来发现应聘者的致命弱点的。它会告诉面试人，什么样的紧张和压力可以让他失去希望、动力或行动能力。

面试的过程中，如果你用封闭式问题向应征者提问，得到的答案可能不真实，因为你已经把很多条件都限定好了，就会给对方这样的暗示：不照着我说的做，你就是不合格的。这样一来，很多人都不敢说出真实情况，担心自己选不上。)

第三章

变团队里的庸才为将才

带队伍就是带人心

俗话说：“得人心者得天下。”

作为团队管理者，提升威信力、帮助员工制定和完成职业规划，最终带领团队获得成功，是你所追求的目标。然而，带队伍是一门学问，有些管理者整天累得不得了，团队成绩却不理想；有些管理者貌似“悠然自得”，员工却个个能干。原因就在于，后者了解这样一个真相：带队伍就是带人心。

不难发现，团队成员越崇拜管理者，该团队的成绩越好，你是否想过，这其中存在怎样一种力量？马云曾说：“在阿里巴巴创业初期，公司无法给股东和员工很多钱，但是依然愿意建设这个品牌，是因为他们看到了希望，相信通过努力，能够一起迎接美好的未来，所以格外用心工作。”可见，管理者给予员工“希望”，有时候会比真金白银更加重要。正因为大多数人渴望拥有广阔的平台，并且有不断发展的愿望，所以才需要你帮助员工形成正能量，最终让团队受益。

“给予希望”几乎成为所有组织获得成功的必经之路，在管理者为员工塑造希望的过程中，团队凝聚力会得到提升，同时有助于激发他们的潜力，日积月累后，团队会更有竞争力。这时候，管理者曾经“给予员工的希望”，会逐渐变成现实，进而加深了员工的归属感。

很多学员问我：“如何让员工看到希望？”

我常反问他们：“你自己觉得有希望吗？”

想要建立一支有希望的团队，管理者本身要充满正能量，如果连你都不相信未来是美好的，员工肯定不愿意付出努力。

世界上永远不存在不劳而获的人，即便在行业环境大好的前提下，你也需要及时地为团队制定目标和发展计划，工作才能有条不紊地展开，这无疑会令员工更有安全感，有了这种情绪的推动，管理者更容易“俘获人心”。

凡是有成就的团队，管理者都坚信未来是美好的，这种想法存在于他们的骨子里，并从举手投足间表现出来，光自己相信不够，他们还需要将这种力量传递给员工。

应当采用怎样一种路径呢？

首先，必须让核心团队充满希望，因为它们是构成整体的重要部分，如果“挑大梁”的人拥有正能量，就能很快影响其他员工。

其次，让核心团队感染员工，积极的工作态度就会逐渐蔓延开来，管理者更容易抓住人心，自己的想法就这样被传递下去。

实际上，身为管理者的你，没必要事事亲力亲为，你的职责在于帮助员工调整心理状态，使得他们以更轻松的态度面对挑战，进而挖掘潜力。在出色完成工作的同时，员工更加信任你，正因为这份希望是你给予的，他们才相信，在你手下工作，自己可以拥有发挥的空间，对于管理者来说，此时，员工的心正在向你靠拢。

九宫咨询是一家成立不到五年的企业，却以惊人的发展速度，成为该行业的一颗“明星”，用副总经理刘逦的话说：“员工齐心，就没有困难是不可战胜的。”

公司成立初期，只有十来个员工，业务量也少得可怜，刘逦常对大家说：“我们是朝阳企业，并且我相信大家能够创造一片天地。”创业的过程很艰辛，身为副总经理，刘逦觉得：我应该让员工看到希望，所以，他积极协助总经理张宏瑛建立公司体系，并且及时做好工作规划。

有一次午后，刘逦来到员工休息室，打算与他们聊天，一位刚入职的员工说：“我觉得自己很无用，工作也不是原来想象中的样子，上大学的时候，我曾经有很遥远的规划，但是很害怕不能成为现实。”

这时候，刘逦意识到：员工对未来没信心，团队就带不好。

于是，他将企业发展规划和未来蓝图做成 PPT，发送给每一名员工，并在之后的几次会议上，提及了这件事。市场总监汪洋很纳闷，汪洋是一个对市场非常敏感的公司核心骨干，而且这几年深得客户信任，今天她对刘逦的做法有些不解："您为什么要花心思做这样一张PPT呢，并且还要发给所有员工，至于吗？"

刘逦说："我得让所有员工看到希望，特别是基层员工，他们每天要处理很多具体工作，积极性越高，效率就越高，团队才会处于良性循环中。"话音未落九宫咨询战略顾问刘易杨和米俊林拍手叫好，得到这两个公司重量级人物的肯定，刘逦对此满怀信心。

随着九宫咨询规模不断扩大，员工也逐渐增多，刘逦和其他高层管理人员，致力于完善企业组织结构，并且常常鼓励员工，久而久之，整个团队的工作积极性都保持较高水平，每次有重要决策产生，刘逦都会在召开管理层会议后，督促他们在部门会议中，将这些传达下去，让员工觉得，企业处于不断发展中，自己在一个有前景的平台中工作，无疑增加了他们的安全感。

公司发展的同时，刘逦想到：必须适时调整员工福利，团队才有凝聚力。由此，他给张总提交了可行性方案，拟建立了绩效工资制度，并且给予一部分优秀员工期权，还有，他主张尽量在团队内部选拔管理人员，这让很多员工看到希望，他们更加卖力地工作。

可见，刘逦作为公司副总，将大部分精力放在配合张总带团队上，具体工作已经交由员工处理，他的职责，便是让员工在有希望的环境中工作，不论对他们精神上的激励，还是建立有效的分配机制，目的都在于让员工领会到：我在九宫咨询有盼头！这一系列的调整，使得公司涌现出一大批像苏维杰、白彩琴这样新的核心力量，让公司呈现出一片繁荣的气势。

优秀的管理者，善于凝聚人心，大多数员工完全能够胜任工作，只是没有为他们创造充满希望的环境，你做到这一点，就可以带好团队，甚至轻松地创造成绩。说到"带人心"，管理者应当注意哪些方面呢？

1. 让员工感受到“真实的希望”

我常对学员说：“你们得让团队成员从你个人身上看到希望，这是最直接的影响，这样他们才会跟随你，最终获得成绩。”所以他们会向员工描绘美好的未来，甚至说得有些夸张。你要注意，只有当员工感受到未来的“真实性”，才会相信管理者，否则就会起反效果。所以说，这些“希望”应当基于事实，例如，目前行业环境如何、企业能够把握哪些机会、团队有着怎样的目标、实现目标需要哪些步骤、预计每个阶段成果等，团队发展是循序渐进的过程，当管理者将这些呈现在员工眼前，他们自然愿意相信这是一个充满希望的组织，积极性也随之提高。

与其说一些不切实际的“空谈”，不如用真实的希望打动员工，想要带好团队，必须脚踏实地，员工会关注你是否具备这种特质，包括你向他们传递的希望，也就是说，“希望”是建立在客观事实上的，它越真实，员工越愿意信服，管理者更容易凝聚人心。

2. “团队”是齐心协力的结果

“团队”不仅是一个组织，也可以将其看成抽象的概念，甚至一种精神，员工的心越齐，团队越容易出成绩，所以，我总是相信：“团队”是齐心协力的结果。

管理者带团队的核心，就是把员工的心聚拢到一起，大家朝着一个方向努力，团队就会不断壮大，由此进入良性循环，管理者的工作也会轻松很多。

实现这个效果的前提，是你引导员工，向着同一个方向出力，而这个方向，便是团队应当实现的目标。

管理者之所以坚信希望的存在，是因为他制定了可行的目标，这是完成工作的重要步骤；员工之所以觉得不安，是因为觉得个人愿景与团队目标相去甚远，如果能解决这个问题，团队凝聚力就会得到提升。

例如，某企业计划在两年内，实现利润翻番的目标，管理层开始充满希望地工作，却发现员工并没有体现出积极性，原因便在于，他们觉得企业的目标再大，都与自己无关。此时，需要管理者“全方位”激励员工，从精神到物质，让员工明白：团队的强大，离不开每个人的努力，是他们创建了品牌，而这个“品牌”终究会给他们带来精神上的回报，并且员工能够从中获得更多经验，这是真金白银无法买来的。

当然，团队壮大后，员工的福利也应当相应提高，很多企业建立了绩效奖励机制，他们完成的业绩越多，报酬就越丰厚，处于不断发展中的团队，应当及时完善分配机制，只有这样，员工才不会觉得团队目标与自己无关，心拉近了，管理者带队伍就更容易了。

3. “言出必行”是温暖人心的最佳办法

说到完善团队内部奖励、分配机制，不得不提出这样的疑问：你承诺员工的事情，都兑现了吗？

既然管理者了解带队伍的关键是“带人心”，那么，你想要温暖人心，就必须做到“言出必行”，例如：完成某项工作后，应当给员工哪些奖励，必须一一兑现，不能以各种理由推脱，也不能打折扣。

管理者和员工之间的“工作感情”必须用心培养和经营，只有当员工觉得温暖，才会主动靠近团队，管理者每说出一次承诺，对员工来说，都是希望和期待，所以，兑现承诺的过程，就是增加员工希望的过程，长此以往，团队就会充满希望，员工的幸福感也会增加，而这些，都会令管理者更好地带队伍。

可见，让团队创造业绩的关键，在于凝聚人心，管理者越令他们看到希望，员工越有工作积极性。

4. 5 句话激发员工动力

缺少动力的员工，永远不会主动工作和提升自己，他们就像“敲钟的和尚”，用“得过且过”的态度对待每一天，如果团队中很多人都处于类似状态，企业很快就会走下坡路。

此时，管理者必须激发他们的工作动力，让他们有更多工作积极性，值得一提的是，这个过程中不需要管理者一味追赶和鞭策，而是让员工有这样的认识：不好好工作，自己将无路可走。

一名出色的用人大师必定要懂得激励员工，水不激不跃，人不激不奋，不论是物质激励，还是精神激励，一定要肯定员工的成就，并鼓励其赢得更大的成功。

“30 年后你如何养活自己？”这是我在大学毕业的那年春节写在自己笔记本上的一句话。这句话一直提醒了我 15 年，如果说今天我还有点优秀的话，这句话功不可没。

在职场中也时常听到一些员工抱怨工作累，抱怨上班太辛苦。不管是在生活上，还是在课堂上只要听到类似的话，我就分享几句话，奇怪的是很多学员听了很有感悟，倘若你将它们告知员工，同样会引起不小的震撼，这 5 句话分别是：

第一，照照镜子，看看自己有没有倾国倾城的花容月貌？

第二，看看自己银行卡上的余额，明白自己是否有足够的资产够你享受？

第三，去看看新婚姻法，它会告诉你，靠嫁一个高富帅脱贫致富的年代已经结束了。

第四，看看你的父母的老年生活条件，看看你该尽的责任尽到了没有？

第五，你打算给孩子做什么样的榜样？

对每个人来说生活不可能一劳永逸，谁都需要靠奋斗为自己争取生存的空间，与其担心所依靠的人会不会在某一天倒下，或是将自己抛弃，不如凭借自己的双手创造想要的生活，因为后者令人更有安全感。

如今，职场中出现了不少“半边天”，虽然身负照顾家庭的重担，但是她们依然取得了不错的成绩，其中不乏高级管理人员，甚至私企企业家，这个时代赋予女性很多东西，但同样需要她们通过自身努力创造更好的生活。

然而，很多女性并没有意识到这一点，工作缺乏上进心，认为只要做一份简单的事情，拿一份薪水就可以了，奋斗与自己无关。所以在挑选岗位的时候，通常选择挑战性小的，即便没有前途也无所谓。她们各有缘由，或要照顾家庭，或要享受人生，这类女性经常跳槽，并且永远选择在基层做简单的工作。

> 我有一位2002年就开始做连锁美容院的朋友叫黄钰，她是一位有着浩瀚人生阅历的资深企业管理专家，非常善于沟通，在我的印象中没有她沟通不了的人，就连亚太十大培训师之一的刘逸舟老师对她都是赞不绝口。她曾经向我讲述了她和一位新员工的谈话经历，里面透露着她对女人一针见血的深刻理解和激励。
>
> 有一次当黄总接到一位刘小姐简历的时候，凭着自己在商界多年的磨炼，和对无数女人内心的了解，她一眼便看透了她——不是做事的女人，因为她总是在找没有压力的工作。
>
> 黄总说每次有女士前来应聘，她都会让对方挑选岗位，大多数人都选择简单而轻松的岗位，敢挑战自己的寥寥无几，即便告诉对方，那些有挑战性的工作，有可能为他们带来更多薪水，对方仍然不改变自己的选择，也就是说，她们宁愿找一个压力小、稳定、清闲、薪水微薄、升职空间小的工作，也不愿意尝试那些有挑战性的，很可惜，当公司面临裁员，这些人首当其冲被开掉，因为她们是否存在，对公司没有很大意义。
>
> 再说说这位刘小姐，她同样选择了轻松的行政工作，虽然黄总对她说，可以去做销售，每个月会按照业绩给她提成，干得好将来还会升职，刘小姐还是果断地拒绝了……

这些女性年龄都在20多岁，其中不乏容貌姣好者，但却在最能吃苦的时候寻求了安逸；最能学习的时候，将大把时间浪费在恋爱上，计划着28岁之前结婚，30岁之前生子，所以她们尽可能地打扮自己，尽情享受生活。

结婚初期男人出于心疼女人，于是承诺：“亲爱的，从今天起我负责拼搏赚钱，你负责在家花容月貌。”甚至也有一些女人很乐意成为全职太太，然而之后的生活远没有她们想象的那般美好。她们用自己的青春陪伴丈夫，对方渐渐积累自己的事业。随着职位和薪水的提高，他们越来越觉得和身边的女人无话可说。而这些女士整日忙于家务、孩子，脸上有了皱纹，说话也离不开家长里短，自认为对家庭贡献最多，谁知丈夫不理解自己！到底谁不理解谁呢？

那时候女人说自己好痛苦，自己命好苦，这又能怪得了谁呢？

这些女人的生活远没有想象中幸福。作为团队的管理者，如果能激发女员工的积极性，不仅让团队发展地更好，还帮助了她们找到属于自己的人生。当然你的团队中不乏生活幸福，家庭美满的女士，但你要做的，是让她们保持工作热情，多分给自己一些时间，处理工作和挑战更高目标，当她们的能力不断提升之后，会发现丈夫更爱自己，孩子更崇拜自己，这样的生活难道不更完美吗？

黄总常对女员工说："拼搏中的女人最美丽。"这句话令很多人一直回味其中的道理。

听完这番话，很多男士都乐了，先别急着开心，男士们的责任更大，动力应该更足。试想，身边的女士都这么积极上进了，你们还有颓废的理由吗？

> 有一段时间，我受邀给江苏一家企业做培训，发现很多男士缺乏热情，看上去有点蔫儿，问及他们的职业规划，不少人表示茫然，这样下去，他们很可能会被事业抛弃，于是，我让他们想想这些问题：
>
> 女士们越来越优秀，身为男士，甘心被比下去吗？
>
> 你会心安理得花女士们的钱吗？
>
> 男士们纷纷摇头，马上陷入沉思，我问道："这种生活是不是太悲惨了？"大家苦笑起来。

可见，男士没有事业心，缺少进取精神，会比女士更加悲惨，男士的悲惨是女士悲惨的双倍。

不论男士、女士，如果自己不坚强，缺少勇气，没有人替你坚强。正是因为这一点，管理者有必要激发他们的内在潜力，让员工在看清事实的基础上，通过自身努力，积累让自己幸福的要素。

前面“5 句话”是否真的能让员工充满热情，要看它们的分量和员工的领悟能力，这 5 句话很有代表性，目的是让员工增强危机感，从而激发他们的工作动力，此时，管理者还需要做什么样的总结呢?

（1）为家干好这份工作

生活在现实生活中的人，都负有一定责任，尤其是青年人、中年人，正因为“上有老、下有小”，所以不得不去奋斗，当管理者让员工清楚认识到这一点时，他们的战斗力会瞬间增加，已经没有时间去悲伤、怀念、懒惰，最重要的事情，便是清楚自己的目标和知道每天要做什么。

我在很多企业做培训的时候，发现管理者总是对员工说：“你们要好好工作，团队才会得到发展，你们才有更多机会和更高薪水。”话说到此，他们就不再说下去了，其实，这些话对员工来说，并没有太多吸引力，真正有效的应该是后面几句话：“薪水高了，你们就能让父母过更惬意的晚年生活，让孩子接受更好的教育，机会多了，你们就能争取更高社会地位，家人、朋友都会对你刮目相看。”

为了家而努力，这才是他们想要的生活，正因为对此很向往，所以愿意为之奋斗。

可见，当员工意识到自己身负的责任，是否努力与生活息息相关的时候，工作态度就会发生明显变化，作为管理者，很乐意见到这样的变化，说明团队正在往好的方向前进。

（2）我受够了

我受够了被人嘲笑轻视的感觉；

我受够了眼睁睁看着自己父母生病时的无能为力；

我受够了多年来高利息的房产贷款带给我负债的痛苦；

我受够了不能给孩子提供更好的生活和学习条件；

我受够了对爱人的承诺一拖再拖；

我受够了因为懒惰拖延的恶习而失去太多；

……

当你回想起这一切的时候，你还坐得住吗？

很多员工认为，我得慢慢来，先把自己的事情做好，才能完成家庭的责任。这种想法并不正确，容易让人变得懒惰，为什么不能同时进行呢？

我在企业做培训的时候，经常对员工说："你制定的每一个目标，你的每一个决定和行动，都不单是为了自己，还有你的家人、朋友，如果从一开始就有这样的意识，那么，你在做每一件事情前，都会认真考虑，这件事对实现目标有没有帮助，反之，就容易'得过且过'。"

我建议管理者在引导员工的时候，尽量让他们多想想家人、朋友，有这么多人"依靠"着你，还有理由不前进吗？

"做好自己"和"帮助他人"一样重要，所以得同时进行，这两个目标是相辅相成的，哪一方面做得好，都会对另一方面产生激励作用，管理者若是能从这个角度出发，员工就会认识到"奋斗"是马上要做的事情，对促进团队发展有很大好处。

（3）人生价值是靠自己创造的

抱怨的成本比努力的成本还要高，因为当你忙着抱怨的时候，别人正在努力地把你超越。

我也时常听到不少唉声叹气的声音，他们总觉得人生没有盼头，工作上碌碌无为，家庭生活也缺少激情，似乎自己的人生没有一点儿价值。

管理者应当让员工明白，人生价值是靠自己创造的，团队的发展离不开每个人的努力，谁都可以证明自己很优秀，既然如此，你还要继续懒惰下去吗？

我在给管理者上课时，发现很多人忽略了员工和团队的关系，很多人总是以鞭策者身份出现，让员工觉得自己是被动地工作。不妨让员工看到积极的一面，告诉他们："你和团队有共同的荣辱。"目的是令员工更有存在感，或是直接告诉他们："团队就是你实现人生价值的地方，团队能够为你提供优质的平台，而你正需要这样的平台，同时，你会推动团队的进步，这也正是团队所需要的。"

当管理者让员工看到自身价值所在，他们内心深处的动力就被激发了，因为看到自己是被认可的，所以更愿意付出百倍努力。

前面的“五句话”不仅让员工看到了现实的残酷，也看到了自己身上所背负的责任。而管理者总结的三点更像火上浇油，引导他们将这些转化为工作动力，让行为变得更积极，团队才有了发展的基础。

如何有目标地活着

我曾经参加一个朋友为孩子举办的满月宴，那天朋友很开心，抱着孩子给我们看，大家都给他说着祝福的话，兴奋的他看着怀里的孩子，指着孩子小脑门说了一句：“宝宝啊，今天我终于当爸爸了，以后咱家的未来就靠你了。”

我听后不禁想，这孩子压力怪大的，刚满月就扛起家族的未来了，才刚满月他那刚30岁的爸爸就打算退休了。

有的人虽然还活着，但他们的行为和内心其实已经没有什么梦想了，他们已经不愿意像曾经那样去奋斗了，更不愿意像曾经那样激情满怀。在他们身上你已经看不到他们的未来和希望了。这样的人其实30岁就已经死了，只不过要等到80岁才去埋掉。因为他们已经没有了目标，也就是说不知道下一步该往哪里走？一个没有目标的人，不知道周末到底如何过才好？而一个有目标的人，却总是嫌时间不够用。

有目标的人睡不着，没目标的人睡不醒，为什么呢？

哈佛大学曾做过一项调查，结果表明只有3%的人有非常清晰的目标，而这些人当中，很多为成功人士，而有清楚目标的人，占成功人士总数的10%，他们多半成了专业人士，60%的人有模糊的目标，他们中很多为蓝领一族，而剩下的人没有目标，他们经常失业。

这项调查结果给人们留下这样一个问题：为什么3%的人能用目标打败97%的人？因为目标能够给人们指引，长久下去会逐渐形成信念，让人们在每次做事前，都先想好是否已经“瞄准目标”，这样一来，一个人的全部力量都会集中某处，一旦迸发出来，将会产生巨大的能量。

当我强调目标的重要性时，有些学员明显不够重视，因为“目标”这两个字实在被说了太多次，在他们上小学一年级时就可能听过好多次了，但是，它很难被落实到每一个员工身上，这是为什么呢？

有目标的人，一定是有梦想的人，如果你连“我想当资深设计师”之类的语言都不敢说，肯定不会为自己树立目标，不相信自己的梦想，等同于拒绝自己的未来，不去挑战，你就不知道自己到底有多么优秀，关键时刻要学会逼自己一把。

决定了要做某件事，就应该先将目标定下来，这个目标应当是经过深思熟虑的，一旦定了不要随意更改，这时候，相当于你认了这个目标，这下就简单了，剩下来要做的，就只是拼搏，这样，最终你会成为赢家。

有了目标，工作便充满挑战性，如果你连自己都不敢挑战，可能永远不会知道自己有多优秀。

我曾对很多管理者说：“不仅你们要有目标，还得让员工有目标，这是一个好习惯，不妨用亲身经历告诉员工，目标是可以燃烧生命的东西。”

在很多公司的墙上，都贴着年度工作目标，但是员工似乎觉得它和自己没有太大关系。这时候，需要管理者对此作出讲解，把团队目标分解成各部门的目标，最终落实到每一名员工。当他们觉得它与自己息息相关，便会用心为自己制定下一年度目标和规划。对于管理者来说，此时的团队是非常团结的，只有把这个状态保持下去，整体才会进步。

优秀的管理者会将庸才变成良才，很多员工一开始并没有养成制定目标的习惯，如果帮助他们养成后，团队工作情况可能很快改观，在这个过程中，管理者还需要关注员工所指定目标的内容，过大或是过小都无法起到应有的鞭策作用。

1. 如何制定目标

如何制定目标，这是管理者和员工都必须了解的，只有在正确的流程下，才能确保目标的有效力。

(1) 第一步，将目标写下来

原则上必须满足“挑战性、具体化、数字化、图像化、时间期限”等元素，只有保证目标的可行性，才能继续做后面的事情。

不妨将目标分成两部分，一个是学习目标，另一个是工作目标，两者缺一不可。很多人在进入工作岗位后，逐渐放松了对学习的要求，会导致自己停滞不前，没有理论知识作为基础。

值得一提的是，不论管理者还是员工，都必须分配好时间，工作和学习各占有一定比例，双方才能互为促进，如果一方的时间设定出现问题，必然会打乱另一方的节奏。

(2) 第二步，公众承诺——让身边的人督促你实现目标

有了目标后，不妨将它告知家人、朋友、同事，假如自己的行为与目标出现偏差，或是懒惰又找上你的时候，他们会给你善意的提醒。从心理学角度说，当你让身边的人督促自己的时候，心中会有一种声音：“你要好好干，这么多人看着你呢。”这时候，你就会产生源源不断的动力。

(3) 第三步，找到良师益友，向他学习，甚至超越他

正所谓“近朱者赤，近墨者黑”，通过从一个人所交往的朋友，就能看出他的人品，因为人总是会受到环境的影响，所以在实现目标的过程中，与良师益友作伴，是最好的选择。

你可以找比自己更优秀的人，将其当成榜样，从他们身上学习到优点，再尽力赶超他们，这样一来，你离自己的目标就更进一步了，总之，你要做到“研究他、超越他、咬住他、比他做得更多，只有这样，才有可能成为佼佼者”。

(4) 第四步，让自己每天改进一点点

实现目标不是一朝一夕的事情，尽管很多人心里着急，但想要进步也得靠一点点的努力，暂时的失败并不代表什么，只要保持进步的状态，就一定能完成目标。

(5) 第五步，制订具体行动计划

这是非常重要的步骤，你定的目标可能很长远，不妨将它们分成一个个小目标，然后制订每一天的计划，想要实现目标是靠一点点做出来的，哪一天懈怠了，都会影响目标完成进度，此所谓“行动是达成目标的最高法则”。

想要带好队伍，管理者不仅自己要有明确的目标，还得引导员工树立目标。完成这件事需要一定过程，荣丰集团餐饮部负责人王思详就做得很好。

王总进入职场 8 年了，已经是荣丰集团的高层管理人员，他总结自己的成功经验，说：“很多年前，我就开始为自己制定目标，告诉自己在这个时间段内，一定要完成哪些事情，最终我做到了。”

令老板欣慰的是，在王总手下工作过的员工，几乎都卓越非凡，他的团队也一直是全公司的榜样，而这些，都要从王总督促员工制定目标说起。

王总刚接手团队的时候，发现不少员工缺乏目标，也没有职业规划，整天不知道自己在做什么，需要做什么，对未来既憧憬又茫然。

“这怎么行呢?”王总感觉到了危机，于是督促他们规划自己的职业发展，然后制订出长期和短期计划。

刚开始，王总对员工的“作业”很不满意，甚至有些人制定的目标很不切实际，他先让下属了解自己有哪些优势和劣势，然后看看自己的兴趣所在，再决定如何制定目标。

慢慢地，员工开始了解自己了，知道了要做些什么，在这个过程中，目标应运而生。此时，王总早已制定好团队目标，等到公布于众时，很多员工惊呼：“今年要完成这么多，肯定不行。”

王总说：“这是我经过仔细思考后的结果，大家都已经制定了目标，只要所有人齐心合力，就一定能完成。”

为了让员工觉得团队目标具有可行性，王总将团队目标分解开，变成一个个阶段性目标，这样一来，员工的疑虑便少了很多。

很快，员工也按照王总的方式，将目标分解开来，并制订好月计划、周计划、日计划，瞬间觉得工作变得很有节奏，每天过得非常充实。

很快到了年底，王总的团队真的完成了年初制定的目标，这令团队的势气大增，所有人都见证了目标的力量，让下一年的工作有了良好的开端。

不论管理者还是员工，都要有明确的目标，不仅仅要写在纸上，还得时刻记在心里，你才会为之奋斗。当一个人紧紧盯着目标的时候，便有了信念，能够改变浮躁的自己，愿意为了目标而脚踏实地做事，在这个过程中，你能够降服各种诱惑，长此以往，便能练就更好的自己。

很多人有目标，但终究没有成功，原因便在于他们缺少持之以恒的态度，这就需要你在做任何事情前，都想想这件事对完成目标是否有帮助。培养超强的自控力，同样是成功人生的保证。

2. 管理者如何树立自己的团队目标

管理者有目标，才能带好队伍，员工有目标，团队才能按照既定的方向走，并且最终有所收获，可见，团队的发展与管理者和员工的进步息息相关。正因为任何人都需要目标的指引，所以管理者更应当以此为契机，让团队有更好的未来，不妨参考我的观点，看看在此过程中，你还有哪些方面需要改进。

（1）将个人愿景与团队愿景结合起来

很多管理者在制定团队目标的时候，没有结合员工的个人愿景，总是觉得自己身为领导者，就是要安排员工去做什么，从没有想过听听他们的心声。相对于领导者而言，员工是团队的重要组成部分，如果你制定的目标与他们相去甚远，谁会愿意照做呢？

在培训上，我多次让学员把“个人愿景与团队愿景结合起来”，成为制定团队目标的重要参考。

在制定团队目标前，管理者需要先摸清员工的情况，在团队中，他们希望自己朝什么方向发展，想要怎样的平台和空间，当你了解了他们的“愿望”，就知道从什么地方入手，能够打动员工了，这样一来，员工便能更好地理解你所制定的目标。

就像你在制定个人目标前，首先要清楚，你想做什么，你能做什么，以免目标过高，影响个人积极性，或是过低，缺少挑战性，制定团队目标的时候，管理者同样需要了解自己和员工的基本情况，以保证目标的可行性。

(2) 所有人定期检查目标

管理者不仅要制定团队目标，个人目标，还要督促员工制订工作规划，但是并不是说有了目标就万事大吉，还需要定期检查目标，看看有没有要调整的地方，看看目标完成情况如何。

曾经有学员问我：“难道目标也可以随意更改？不是定好了就不能改变的吗？”

既然制定了目标，就等于把结果定好了。管理者和员工要做的，就是实现目标，不能随意变更它，否则它就失效了。

然而，在实际工作中可能会出现各种情况和问题，例如：你的团队提前完成目标，所有人都不再做事了吗？很显然要把目标“延续”下去，争取获得更大成功，或是当年的行业环境极差，根本没可能完成年初制定的目标，不妨将目标稍稍调低一些，以缓解员工的压力，或许就会有所改善。

既然团队目标与每个人都有密切关系，那么，所有人都得关心目标的完成情况，很多管理者在企业里醒目的地方，贴上今年的目标和计划，目的是让员工时刻看到，这样才能保证工作有的放矢。

让团队目标被大家牢牢记住，所有人都很清楚目标完成情况，例如，上半月只完成目标任务的80%，预计下半月也无法完成，那么，这些未完成的任务，就会被带到下个月。

以此类推，团队成员都很清楚所在团队的状况，身为核心人物，必须马上对工作进行调整，避免团队陷入恶性循环，所以说，定期检查目标进度，是保证团队稳定发展的重要环节。

（3）目标重在执行

目标之所以重要，是因为他能激发人们的热情和潜力，但是光有目标不行，想要实现它，还得靠执行，所以说，管理者要制订切实可行的计划，督促员工实现目标。

除了将目标进行分解外，你还要定期检查员工自己制订的计划，如果需要调整，应当及时给予修正意见。很多企业要求员工定期写工作报告，或是递交相关报表，也是为了检查目标完成情况。

在制定目标后，管理者应当将整个过程中，行业情况起伏变化对团队的影响，作为制订计划的参考依据，而不是盲目地将工作内容平均分配，以免影响正常工作秩序。

我的一位朋友，是某家电品牌的G区域销售主管，他制定的目标是完成五千万订单，由于考虑到家电行业存在传统淡旺季，所以分配到每个月目标是不一样的。

这样一来，不论淡季还是旺季，团队的压力都保持适中，有助于员工保持良好的心理环境，这样才能更好地实现目标。

很多人了解目标的重要性，却不知道写在纸上的目标，并不能称得上是真正的目标。只有让其成为内心的一部分，跟着体内的热血沸腾，直到每天朝思暮想，才算是真正的目标。实现目标要有坚定的信念，彻底说服浮躁的自我，一步步朝认定的事走下去、坚持下去，降服种种诱惑，咬牙前行绝不松口，那才是信念。还有，超强的自控力也是非常关键的，实现目标最难的就是自控，自控意味着你要和你的欲望与习惯做斗争。而当你能持续控制小欲望，你的回报就是未来的大欲望可以满足，如此一步步达成目标，如果你认为完成每天的目标，比吃饭睡觉重要，你就已经慢慢靠近成功！

既然目标是推动团队进步的重要动力，管理者就应当制定出合理的团队目标，并将其分解成一个个小目标，最终成为员工的个人目标，但是，和制定目标同样重要的是执行目标，没有实际行动，一切都是空谈，想要实现目标，就必须从今天开始，每天保持进步的状态，才能离目标越来越近。

如何引导员工用心来干事

1. 要知道员工凭什么用心做事

今天无数公司的员工之所以不相信老板，不信任企业，其主要原因就是员工缺乏安全感，因为，他们感觉不到企业是他们的依靠，因为他们感觉不到老板会对他们的前途负责，他们怎么能安心跟你干呢？

所以，当老板把员工当赚钱的工具时，员工就会把企业当道具，把客户当玩具。如果一个老板以慈悲为怀把所有的员工当家人、当孩子，那么员工自然就会把企业当家、把公司当家。天下所有人只要是为家里做事，没一个不用心、不尽心的。

我们很难忘记自己家门有没有锁好，但容易忘记公司办公室的灯有没有关闭。相反如果员工把企业当家一样来看；把工作当自己的事情一样学会操心、用心；凡是领导要操心的事情，我们主动替他操心了，领导要关心的事情我们主动关注解决（除了公司战略、财务、制度外），那么老板就彻底解放了，没事干了。既然没事干了，他一想到你把工作的事情都操心到家了，那么领导就只有更重要的一件事该去做了，就是操心你的家庭生活条件怎么样？就去操心你房子有没有？就去操心孩子上哪个更好的学校……不怕领导不操心你的事，就怕你没这个意识，没这个魄力先改变自己的工作态度和用心度。

作为员工如果做事能领悟到这个核心点，要在企业大有作为那是必然的事情。

所以老板要问自己的一个核心问题，也是让团队用心做事的前提就是：想让别人用心做事，那你用心待做事的人了吗？

员工也要问自己一个问题：想让老板替你操心未来，那你为企业操了多少心，用了多少心呢？

2. 员工如何才能用心做事

衡量团队成员工作是否用心、是否带着心做事，管理者可以通过以下四个层面并善加引导：

第一，自己思考，自己做事情；

第二，自己思考，叫下属做事情；

第三，自己思考，教下属做事情；

第四，让下属思考，再让下属做事情。

如果管理者能真正领悟这四个层面所要表达的含义，就会牢记一点：所有人只会为他自己说的话全力以赴，因为它们表达了内心深处的渴望，自己思考的自己会用心去完成、去捍卫。

如果你的管理工作只停留在前三个层面，很难培养员工自主思考的能力，他们就像"算盘珠子"，你拨一下，他们才动一下，永远不可能进步，身为管理者的你，也将被困在这类琐事中，无法抽身做更有意义的事情，团队就有可能停滞不前。此时，你需要让员工听听内心的声音：这样的生活是他们想要的吗？他们应当如何争取自己的人生？等到他们意识到内心想法的时候，就会主动去完成工作，甚至绞尽脑汁地改变现在的状况，让工作更完美。

张海龙是一家专业妇科医院的院长，他不仅是一个很有思想的人，更是一个善于解决实际问题的管理高手。他给我分享过他的管理体验。

曾经一段时间他发现他医院的主任小王情绪有些异样，不仅很少向他提出建议，工作的时候也懒洋洋的。早上，海龙让小王把上周的分析报告交上来，差不多在规定时间的最后一刻，小王才发来邮件，内容也令他很不满意，除了原有模板中提到的方面，小王没有再添加其他内容，海龙让他重做，小王只好返工，再次发给他。报告被打回去很多次，海龙越想越生气："小王这是怎么了，难道我说一句，他才做一件事情吗?"

小王的不良状态，不仅影响了报告这件事，还体现在其他工作上，几乎事事都在被动地完成，效果自然不用多说，海龙也整天生气，认为小王的工作能力出现了问题。但是海龙毕竟有着多年运营的经验，后来他还是发现了问题出在哪里。他发现自己没有掌握好管理工作的四个层面，他只是通过自己的思考，叫下属去完成某些工作，并没有激发他们内心的原动力，让下属自己去想应该如何做，这就是他在管理方面出现的问题，看来做老板抱怨别人前也要先抱怨自己哪些方面做得不够。

针对这样的情况，身为管理者的你，应该注意些什么呢?

(1) 授人以鱼不如授人以渔

很多管理者抱怨下属没有用心做事，非要自己教他们如何做，才去完成工作，不然就会被弄得一团糟。

我反问他们：如果一开始授予他们的不是鱼，而是渔，那下属怎么就不会思考了呢？怎么会没有能力把事情做好呢？教他一次，解决百次、千次的问题。

可见，管理者需要培养员工独立思考的习惯，不能动不动就求助于你，虽然你告诉他们应当如何做，但这是你思考的结果，不是他们的，长期这样，员工渐渐不知道自己想要做什么了，何谈内心想法呢?

所以说，授人以鱼不如授人以渔，管理者应该引导员工从不同角度思考，进而找到处理工作的最好方法，而不是直接告诉他们：你应该如何做。

当下属会自己寻找"出路"的时候，往往会迸发出很多好点子，不仅团队的进步需要这些，而且员工也会尝到甜头，管理工作就会在良性循环中不断进步。

（2）思考是每天的必修课

我曾告诉员工这样一个故事：

> 某公司老总下班的时候，天已经黑了，整栋大楼只有某位员工的台灯还亮着，他走过去，看到对方正在埋头做事，于是问道："你每天都加班到很晚吗？"对方回答："是的，我除了吃饭、睡觉之外，其他时间都在工作。"老总皱起眉头："那你用什么时间思考呢？"

思考应该是每天的必修课，管理者不思考，就不知道如何带好团队；员工不思考，就不知道如何处理日常工作。没有经过思考，员工始终不会听到内心的声音，也就不会主动做事，而是被动地听从管理者的命令，这就导致了他们永远不会带着心上班，工作效率一定很低。此时，需要管理者帮助他们调整工作状态，养成做事前先思考的习惯，而不是急于告诉他们：你应该这么做。

（3）适当给予下属空间，令他们自由发挥

哪怕员工自己做事做错了，通过深刻反思学习他会得到将来永远做对的机会，如果自己连犯错的机会都丧失了，也就同时丧失了员工自动、自发做对事的前提，所以成长也是需要付出一些必要的成本的，就像你不可能永远盯着他像机器人一样干事。

当管理者埋怨下属做事情"不带着心"的时候，我常提出质疑："你给予员工适当空间了吗？"如果凡是都逼得太紧，他们就会失去自由发挥的能力。

不妨鼓励员工多观察和思考，在较为关键或是有必要的时候，给予他们一些提示，帮助他们更好的思考问题，时间久了，员工也就习惯了听从自己内心的声音。

员工是否带着心做事，关系到团队是否能持续发展，如果你能将管理工作提升到第四个层面，就能帮员工养成好习惯，想要带出一支好队伍，这是必不可少的环节。

握好奖惩的双刃剑

奖惩是带好团队必备的手段。奖励能够激励员工奋斗；惩罚可以避免员工犯错。但是，奖惩也是把双刃剑，过度的奖励会让员工安逸现状，或者催生团队内部的不公平；而过度的惩罚也会让员工无力应付，或者产生“不做不错”的念头。

管理者在对待员工时，往往会对奖励和惩罚的比例分配有所顾虑。有的人不善奖励，只善处罚；有的人不善处罚，只善激励。而在大部分情况下，如果员工在工作中犯下错误，管理者都会选择处罚，而且很少留情，他们认为，只有这样，才能够体现制度以及管理者的严肃性，也能够避免团队中出现同样的错误。

在传统的团队管理中，惩罚一直是主要的管理措施，传统的管理者不懂得奖励的激励作用，而选择用惩罚来刺激员工努力工作。《韩非子》的“必罚明威”是很多管理者的共识，也就是说，只有对错误给予惩罚，才能树立管理者和制度的威信，才能获得员工的服从。要做到这一点，管理者就不能过于仁慈，而要对企业的各项规章制度贯彻执行，而且能够对所有人都一视同仁。这样的管理模式，确实能够帮助团队完成计划，但也仅限于此，团队不会取得“超想象”的成绩。

而随着现代管理理论的不断发展，员工激励制度开始被越来越多的企业采用。员工激励制度在重视惩罚机制的同时，更加强调奖励对员工的鼓励作用。然而，有些管理者又迅速走向了另一个极端，薪酬激励、晋升激励、荣誉激励、授权激励等激励手段纷纷被应用到员工管理之中。管理者一心想着“我为人人，人人为我”，企业进入了一种“人治化”的管理，结果却是，有的员工在“唾手可得”的奖励下安于现状，有的员工却会受到“人治”的不公平对待。

松下幸之助是企业管理的大师，他认为，管理者必须握好奖惩的双刃剑，在管理上做到宽严得体。在制度和原则面前，管理者一定要严厉对待，对于犯错的员工要给予相应的惩罚，而不能企图用宽容对待获得员工的感恩。松下就曾说："上司要建立起威严，才能让下属谨慎做事。当然，平常还应以温和、商讨的方式引导下属自动、自发地做事。当下属犯错误的时候，则要立刻给予严厉的纠正，并进一步积极引导他走向正确的路，绝不可敷衍了事。所以，一个上司如果对下属纵容过度，工作场所的秩序就无法维持，也培养不出好人才。换句话说，要形成职工敬畏科长、科长敬畏主任、主任敬畏部长、部长敬畏社会大众的舆论。如此人人才能严于律己，才能建立完整的工作制度，工作也才能顺利开展。如果太照顾人情，反而会造成社会的缺陷。"

松下幸之助在管理松下时曾经出台了"21条铁律"，来完善松下的团队管理制度：

①我们要告诉员工其职位在公司中所处的层级，并针对员工的工作表现，定期对其进行评估；

②员工获得了怎样的成就，我们就给予其怎样的奖励；

③当公司制度发生变动时，我们应事先进行公告；

④制订与员工相关的决策或计划时，我们需要邀请相关员工一起探讨；

⑤要赢得员工的信任和忠诚，我们首先要信任员工；

⑥积极与员工进行沟通交流，了解员工的兴趣爱好、工作习惯、忌讳等信息；

⑦员工提出建议时，我们要善于倾听；

⑧当员工在工作中明显表现异常时，我们应主动地去了解原因；

⑨我们要主动的让员工知道自己的想法，但注意语气要委婉；

⑩当我们对员工做出要求时，要告知员工这样做的原因；

⑪如果我们的工作出现失误，要及时承认并致歉；

⑫告诉员工，他们对于公司十分重要，公司十分重视他们；

⑬当我们对员工进行批评时，要说明理由并提出改进的方法；

⑭在我们批评员工之前，先指出员工的优点，说明自己的批评是为了帮助其更好地发挥；

⑮以身作则；

⑯言行一致；

⑰告诉员工，公司为他们感到骄傲和自豪；

⑱当员工表现出不满时，找出原因并解决；

⑲对于有不满情绪的员工，要尽快安抚，以防情绪感染；

⑳为员工制定长期目标和短期目标；

㉑对员工表示支持，说明与权利相应的义务。

可见，管理者要带领好团队，就必须做到奖惩得当，以完善的奖惩制度激励员工融入到团队中去，支持团队的工作，并最大程度地提高自身的工作积极性。随着“人本管理”的兴起，很多人忽视了“胡萝卜＋大棒”的管理铁则，这样的结果往往是被奖惩这把双刃剑伤及自身。

1. 奖励增强针对性

管理者对员工进行奖励，自然是想要员工受到奖励后，能够“更上一层楼”。而要实现这一目标，这个奖励就必须有所针对，对于员工有足够的吸引力。很多人简单地将奖励看作奖金，这其实是忽视了员工的价值诉求。每个员工希望通过工作获得的回报都有所不同，有的员工希望获得晋升，你却只是给了奖金；有的员工希望获得荣誉，你却奖励的低调……所以说，管理者在制订奖励计划时，必须对员工的真实需求有所了解，而不能想当然地认为“只要是奖励就有用”。

2. 奖惩要注重公平、全面

一个企业的发展并不是依靠某个部门或某个人，管理者在奖惩时要有全局观。当公司业绩增长时，你只是给了营销部门奖励，生产部门就不乐意了，“要不是我们加班加点的工作，他们签那么多单又有什么用?”于是生产部门开始消极怠工了。当某个员工犯错时，管理者给了员工惩罚，该员工也开始抱怨了，“我之所以会犯错，那是因为主管的认可，凭什么只惩罚我?”于是团队关系不和谐了。管理者在进行奖惩时，切不能只局限于一点，而要做到公平、全面。

3. 惩罚要有铺垫和后续

惩罚是员工管理中必不可少的环节，但惩罚也需要注重技巧。黄鸣先生有一句名言:“批评要带着表扬的票。”松下幸之助也规定“当我们对员工进行批评时，要说明理由并提出改进的方法；在我们批评员工之前，先指出员工的优点，说明自己的批评是为了帮助其更好地发挥……”对于个人而言，受到惩罚的负面效应通常大于正面效应，一旦员工经不住惩罚的“打击”，往往会“破罐子破摔”或是离开公司。管理者在提高制度和自己的威严的同时，也要注意用善意的铺垫和后续降低负面效应。

奖惩是员工激励的重要手段，然而，如果你不注重奖惩的技巧，不仅无法激励员工奋发向上，反而会打击员工的工作积极性。管理者在建设团队时，要注意协调奖励与惩罚的关系，以“胡萝卜 + 大棒”的手段避免奖惩得不到预期的效果。

4. 奖要舍得，罚要狠心

奖励要奖的让员工超出想象，通过奖一人，引发全员的热情。罚要罚的狠心，罚的众人都触目惊心。通过罚一人，引发全员的高度自律。奖罚最忌讳的就是不轻不重，奖的没感觉，罚的也没力度，这样还不如不奖，还不如不罚。

该奖的不奖，功劳得不到及时肯定，员工做好事将后劲不足。该罚的不罚，时间久了员工会认为做了坏事没有惩罚还同样能够逍遥，必将滋生更多恶人恶事。

如何降服性格各异的员工

令很多管理者欣慰的是，80、90 后员工的精力很充沛，就像团队中的新鲜血液，总能给你带来惊喜，与此同时，令人烦恼的是，他们都太有个性了，经常让人措手不及，那么，员工的性格多样，对管理者来说，到底是幸还是不幸呢？要我说：“恭喜你，你是个非常幸运的管理者。”

试想，如果你的员工如同一个模子刻出来的，你确实能省力，因为你的一声令下，会让所有人得到命令，并且结果是一致的。你不觉得这样的团队没有丝毫生气吗？

如何引导他们创造出巨大的价值呢？没有老板不为之困惑。

为什么80、90后员工屡屡让管理者尤其是让老板头痛不已，就因为他们扮演的是“个性员工”，比如：

①他们是工作行为偏激，喜欢走极端，甚至冒险的员工；

②他们是性格怪僻、固执或是过于循规蹈矩的员工；

③他们是个人（生活）行为（如着装、打扮）过于另类，与企业文化格格不入的员工；

④他们在公司内我行我素，视企业规章制度于不顾，经常做制度的“破坏者”；

⑤他们不愿意与人合作，经常忽略团队其他员工的存在，工作过于自我；

⑥他们工作三分钟热血，在工作中情绪忽冷忽热，甚至大起大落。

同时，即使平时很温顺的普通员工也可能“个性”起来，原因多在于企业机制、制度、文化等因素导致的“心理叛离”，即因对公司的满意度下降而表现出的不满行为，这也是一种个性。

老板经营企业最大的本事不是开除某些员工，而是如何降服这些有个性的人干成大事。

面对80后和90后这些个性强的群体，如果我们换个角度，重新来审视员工所表现出的个性，我们就发现有两种个性员工：一种是个人习惯型个性员工。这类员工无论在哪家公司工作，都会以同一个性出现，这种个性的本质是一种习惯。二是应激型个性员工。这类员工往往是由工作环境因素导致，包括软（如机制、文化、制度等）、硬环境（如办公条件）等因素导致个性表现。

为什么要强调个性员工管理？因为企业老板对个性员工既“爱”又“恨”，并且难以取舍。为什么他们这么爱显现自己的个性呢？我们就先来了解一下原因吧。

1. 他们的“尾巴”为什么会露出来

在公司里，员工为什么不收起“尾巴”而表现出个性呢？简单分析有以下 5 种主要因素：

（1）员工因能力或业绩居高自傲

这类员工恃才傲物，在公司内部行事也过于自我。“才大难用”，这句话一点都不假，对于他们可能不缺“奶酪”，甚至不缺比目前位置更为优越的去处，所以他们的个性就会随着“傲气”表现出来。

（2）员工与雇主产生摩擦与矛盾

有人说“员工与老板永远是一对矛盾的共同体”，这话有一定的道理，因为老板与员工考虑问题的角度、处理问题的出发点往往不一样。因此，在决策者与执行者之间总有难以调和的矛盾，矛盾一旦产生，如果老板拿不出一个好的解决办法，这中间的矛盾就会长期存在直至合作结束。

（3）员工对企业丧失了信心

在这种情况下，员工觉得公司没有值得留恋的地方，员工留也可，去也可，于是在言行表现上就显得毫无顾忌。

（4）公司缺乏必要的“游戏规则”

“不依规矩，难成方圆。”其实，员工的个性也是有弹性的，如果没有约束，员工可能就表现得放任一点，如果有约束，员工可能就收敛一些，在这方面员工的个性就像一根弹簧：压则曲，松则伸。

(5) 对员工的个人生活缺乏关心

企业老板要学会关心员工的个人生活，在工作的同时解决员工的后顾之忧，如果员工的个人生活得不到保障或尊重，员工的个性可能也会表现出来。

2. 老板如何割掉员工个性的“尾巴”

管理个性员工的最核心办法，就是通过对个性员工实施目的性管理，即采取“对症下药”的办法，让员工主动把自己的不良个性收藏起来，而不是简单地把那些个性员工辞退。

(1) 公司老板的带头示范作用

老板作为企业的“头羊”，必须率先垂范，尤其在遵守企业规章制度方面，这样才会赢得员工的效仿和尊重。如果企业老板经常做一个企业内部“游戏规则”的破坏者，其行为必然会影响到员工。

(2) 企业要遵章守法经营

一些员工为什么敢于站出来和老板“对着干”？除了老板不兑现承诺或对员工做出过分要求外，还有一个重要原因就是员工抓住了老板的“小辫子”。这就要提醒企业老板要守法经营，同时也不要轻易让员工知道企业的秘密，即使对于自己身边很信任的员工也应如此。

(3) 制定企业内部游戏规则

企业内部的游戏规则包括规章制度、业务流程等，对员工的不良个性形成有效制约。在个性员工正式入职前（如岗前培训阶段），就让其知晓公司的制度环境、文化主张等“软环境”，如果认可就将其引入，如果拟聘员工对此不够认可或完全不认可，那么对于是否聘用这名员工，企业就要考虑一下了。

(4) **提高员工的个人满意度**

当员工对自己所在的公司非常满意时，为了能长期留任，以及为了获得或争取某种利益（如更高的薪酬、更高的职位），他就会努力去适应公司，这样员工就会主动地把个性“收藏”起来。因此，企业在推行“顾客满意”的同时，更要推行“员工满意”。比如最近四川长虹电器提出3大满意工程：员工满意、顾客满意和股东满意，并且大胆地把员工满意放在第一位，足见员工满意的重要性。

(5) **建立灵活的合作机制**

公司与员工的合作可以是多种形式的，诸如全职、兼职、合伙等，能够有效推动企业与个性员工合作。这样做有几个好处：首先是增加合作的灵活性，有利于充分利用个性员工，诸如对于个性员工如果其是兼职，可能在遵守企业规章制度方面就比全职员工宽松许多；其次，可以降低企业老板与个性员工的正面接触，这样也有利于减少摩擦和矛盾等。

(6) **加强企业文化建设**

企业文化的作用是把员工纳入同一价值认同体系，进而统一目标，促进个性员工与其他员工共事合作。在这方面，企业文化的作用可能要比规章制度更有效，因为企业文化是一种软性引导，规章制度是一种硬性约束，管理个性员工要“软硬结合，以软为主”，因为个性员工往往怕“软”不怕“硬”。

(7) **为个性员工寻找更适合的位置**

当企业内部员工数量形成规模的时候，千篇一律的命令式管理可能难以发挥有效作用，更严重的是会出现因管理方法失当导致人才流失的现象。所以根据个人特点采取机动灵活的方式激发其工作潜能的做法，是十分必要的。

（8）学会做个性员工的思想工作

企业老板与个性员工沟通，常规的沟通方式可能会失去效用，因为个性员工可能有他们自己比较喜欢的沟通方式。

在中国台湾，只有最优秀的考生才敢在第一志愿填报法律，而法律系的学生大学毕业后，也只有8%能当上律师。这直接导致了台湾的律师多是骄傲且特别有个性的人。在台湾一家知名法律事务所里没有管理部，只有行政部。如果碰到有律师员工做事方式欠妥当，或者员工之间闹矛盾，该事务所不会简单地对之进行批评教育，而是改用聊天沟通的方式，以达到大家都满意的结果。

优秀的公司是一所好学校，不但培养人才，而且善于改造员工的不良习性，这就要求企业老板保持一定的耐心去实施“改造计划”，而不是把个性员工扫地出门。在这里强调了一个关键词“改造”，这就需要企业以足够的“肚量”去包容、去理解这些个性员工。最优秀的团队就是这样，即使吵架也不“散伙”，完全可以求大同、存小异，而不是苛求整齐划一。

性格是一个人个性的核心，它直接影响到人的行为方式，进而影响到人际关系及工作效率。因此，在管理工作中，根据人的不同性格采用不同的管理方式是提高管理水平的重要手段。下面介绍对几类性格较为突出，也比较难管理的员工的管理办法。

3. 如何管理性格各异的员工

（1）常与人结怨，脾气暴躁型

这类员工容易情绪激动，怒气冲冲地到处“投诉”，作为他们的领导要首先让其坐下来，然后仔细聆听他们的谈话，不要发言，因为他们在激动时所说的话往往是杂乱无章的，未经组织的，让他们把事情的经过说完，让他们宣泄完愤怒的情绪，处于相对冷静之中时，再表示你的处理方法。

作为管理者没必要改变一个脾气暴躁的员工，也不要敷衍他们，更不能从中转换话题。虽然任何一个单位的纪律都不会要求改变员工的不良性格，但你必须告诉他们，动辄发脾气的人感情上通常不够成熟，教会他们学习控制自己的情绪，并强调单位不赞成以乱发脾气的方式来解决问题。也可尝试着给他们安排一些多见文件少见人的工作，鼓励多参与同事们的活动，让他们知道他们是跟大伙儿同一阵线的，没人愿意也没有人能阻碍他的工作。

（2）自尊心极重，感情脆弱者

这类人多是一些职位较低的年轻女性，他们大部分是刚踏出校门，对纷繁复杂、竞争激烈的社会不太适应。领导几句提醒的话，在她们耳中，就像被老师当众责骂，心中极为不安，无形中产生了一股压力，对工作丧失信心和兴趣，甚至产生跳槽的念头和行为。

具有这类性格的员工，行为上往往比较拘谨，他们总喜欢绷着脸，紧张地工作，遇到工作时诚惶诚恐，对上级说话时语调总是战战兢兢。对待这类员工，说话时措辞必须小心谨慎，尽量避免从个人角度出发，多强调"我们"和"单位"。在批评他们工作中的问题时，必须多顾及他们的自尊心。一丝温和的笑容，一句关切的问候，都会增加他们的安全感和自信心。在平时的工作中，不妨把握机会称赞他们的表现。再三的鼓励或许让你都感到自己唠叨，但对他们来说却是很受用的，而且有种被重视的感觉。同时应该让他们明白，在工作中发生错误时，可能是多种原因造成的，不一定与个人能力有关。因此，不必为此感到沮丧和丧失信心。

（3）消极悲观，缺乏自信者

当管理者组织召开会议、讨论某项新建议时，有人会提出反对是正常的。但你可能会发现，在你的单位里有这样一类人，他们不管提出的建议是什么，从不进行深入的思考，总是一味地阻挠和反对，这不仅会阻碍改革，而且会破坏单位创新的氛围。因此，你必须深入分析他们反对的真正原因。

有些人之所以反对各种建议，是因为他们消极悲观，缺乏信心，担心失败。如果你发现某位员工一贯努力工作，对单位忠心耿耿，而且还颇有业绩，只是有些缺乏信心，你可以给他机会，培养他的自信心。例如，你可以找他谈谈你的新计划，让他负责实施。起初，他可能犹犹豫豫，面露难色，企图劝说你取消该计划。此时，你可以请他不要对任何事情都采取否定的态度，应该提出积极而且有建设性的意见。如果他怀疑该计划的可行性时，你就鼓励他找出可行的方法，并且全力帮助他实施，让他体验变革的乐趣及由此获得的成就感。

（4）溜须拍马，阿谀奉承者

在许多地方，常可见到溜须拍马，阿谀奉承者，他们经常称赞你，且附和你所说的每一句话。如果有这种员工，就必然有爱戴高帽子的上司。尽管各位管理者都会表白自己明智、有自知之明和不介意下属批评，但人们总是喜欢被表扬。

对待这种下属，在与他们沟通时，无须太严肃地拒绝他们的奉承，也不要任由他们随意夸张。当他们向你卖弄奉承的本领时，你可以说："你最好给自己留一点时间，考虑新的计划和建议，下次开会每个人都要谈自己的意见。"这样可能改变他们"应声虫"的毛病。

（5）善于表现，急功近利者

下属中，总不乏雄心万丈、积极进取之人，甚至你能感觉到下属的目标直指你的职位，许多管理者因此而忌才。但是，对待这些急功近利者却不能忽视。因为这种人往往为了个人利益不择手段，影响其他员工的工作情绪和进度，造成人际关系紧张。

与急于表现自己的下属沟通，切忌使用单刀直入式，免得让他产生你忌才的错觉，而不接受你提出的任何建议。你可以认真聆听他的建议，适当地称赞他的表现，表示你对他有某种程度的赞赏。得到你的称赞，他一定会进一步表现自己，那时你可以漫不经心地告诉他："凡事都得按部就班，这样才会对其他员工比较公平，如果其他人比你更急时，你能否容忍他像你现在这样牵着别人鼻子走吗?"你的语调要像平常说笑般轻松，既不伤害他的自尊心，又能让他设身处地为其他人想一想。

（6）郁郁寡欢，以为怀才不遇者

这种下属常为自己的才华不能受到重视而终日叹息，缺乏工作热情和积极性。对待这种员工，千万别用类似的打击语言：“你有多少才能呢？像你这样的人，随便可以找到。”这种语言会使他们感到被轻视，变得更加郁郁寡欢。平日对他们要热情，这样会使他们有被尊重、重视的感觉。交代给他们的任务，事后一定要认真过问，如果做得好，别忘记称赞两句。尽管他们在公司里只不过是些小角色，但也可以偶尔邀请他们参加重大会议，鼓励他们勇于发言，并经常给他们提供参与的机会。如果他们同时感觉到机会面前人人均等，他们会更加努力工作的。

总之，虽与有“问题”的下属在沟通和相处方面都会有困难，但作为管理者，必须在可能的范围内，尝试了解他们的性格，并进行因人而异的管理，而且要牢记这项工作是非常需要时间和讲究方法的，不可操之过急，否则，将会适得其反。

4. “性格决定命运”不知道毁灭了多少人的命运

江山易改，本性难移。有些领导很想通过努力试图改变员工性格，结果没听说有几个成功的。试想，你结婚 20 年了，你一直想改变爱人的性格，你改变了 20 年了，请问你成功了吗？有人想改变爱人的性格，据说 60 年过去了，一辈子过去了，爱人以前什么性格到老几乎还是什么性格。所以想改变对方的性格努力了 60 年都失败了，努力了一辈子也最终失败了。

试想你雄心勃勃想改变员工的性格，成功的把握到底有多大呢？

性格据说有好多种，常说的有九型性格、四类型性格等，就拿四类型性格来说，它包括活泼型性格、完美型性格、力量型性格、平和型性格。

传统观念认为性格决定着一个人的交际关系、婚姻选择、生活状态、职业取向以及创业成败等，决定着一个人的命运，决定着人的一生是悲剧、平庸，还是身世显赫。

常听到有的人评价别人的性格："你的性格更适合在什么事业上取得成功，你的性格更有利于风花雪月，你的性格更有助于家庭的团结，你的性格更有利于结交五湖四海的朋友……"

也听到很多善意的劝告，建议别人如何选择最适合自己性格特长的事情去做，就说一定会成功。

很多培训界演讲大师在台上大声教导：每一个人都有属于自己的性格，每种性格都有其擅长的职业。无论哪一种性格，只要接受并发挥自己的天性，都更容易肩负起上苍所赋予的使命，更容易开启通往成功的大门。所以有无数成功的大师便下了同样的结论：性格决定命运。

性格真的能决定人的命运吗？

2013 年 10 月三为盛世在雷迪森大酒店举办的一场企业家课程中，我现场问 500 多名优秀的领导者："你们都是商界的成功者，请问做生意什么性格最合适？今天在场的都是商界的成功者，请问你们都是同一种性格吗？"回答是各种性格都有，既然各种性格都可以当老板干事业，也就表示性格并不能限制一个人的成功。

人类历史五千年以来所有帝王将相也都是性格各异，但都是大成者；新中国的十大元帅也都是性格各不相同，都是战功赫赫；多少团队里的销售冠军和核心骨干也都不是同一种性格，但同样为企业发展作出了自己相应的贡献。

既然各种性格都可以成功，那么性格怎能决定命运？

不同版本的《性格决定命运》的书在书店卖得挺火，一直到现在销量依然不错，不知道误导了多少年轻人？"性格决定命运"这种课不知道有多少培训师还在大讲特讲？

人们谈到地狱都说只有 18 层，但我觉得有 19 层，那 19 层里都是什么人在此忏悔呢？是那些念错经、度错人的僧人和牧师，还有就是今天极其不负责任的老师和企业培训师，没有师德的教师和培训师，犹如伏兵于道、杀人于途，这些人不下地狱谁下地狱？

5. 成大业者绝不为性格所困，学会使用性格

既然性格不能决定命运，那么我们在性格上到底如何解脱？关键就是

绝不为性格所困，学会使用性格。

我们非常熟悉的伟大领袖毛主席就是使用性格的高手，那么主席属于什么性格呢？如“人不犯我，我不犯人；人若犯我，我必犯人。”又如“惜秦皇汉武，略输文采；唐宗宋祖，稍逊风骚。一代天骄成吉思汗，只识弯弓射大雕。俱往矣，数风流人物还看今朝！”从他以往的诗词中我们能看得出主席是非常有豪气，又何等有霸气啊，就是典型的力量型性格。试想当年为了革命为了天下苍生主席的爱人、兄弟、孩子被反动派杀害，老家祖坟被反动派破坏，主席也是非常的生气。后来西安事变主席却一反常态的和蔼，很友好的接见蒋介石，而且没有丝毫的为难于他。

由此看出天下领袖、成大业者绝不会为性格所困，而是会使用性格。他们知道该低调时一定低调；该霸气时霸气十足；该温柔时显现温柔的性格；该力量时显现力量型性格。

就像那些大企业家，在企业时显现董事长的一面，回到家在父母、妻儿面前就显现孩子的一面、丈夫的一面、父亲的一面；该给团队力量时，凸显力量型性格的一面；面对下属该和蔼时，显现长辈般和蔼的性格。他们的性格都不是一种性格走到底，而是该使用什么性格就显现什么性格，这才是领袖、帝王的王道性格。

要学会使用性格，首先学会控制情绪。一个老板连情绪都控制不了，还能控制企业吗？一个老板如果很会控制情绪，说发火可以发，说不发就不发，这就是高手。所以成功的老板，翻脸都像翻书似的，那就厉害了。而一个老板动不动就真情绪化，这就表示做大老板他还没入门呢。遇到这样的情绪化的人一定要小心，因为他一情绪化，就会把你出卖，因为他控制不了自己，不发泄出来他难受。

一个连睡眠都控制不了的人，还想成就事业，那也是开玩笑。有的老板说他想晚上十一点睡，结果老是磨蹭到凌晨两点睡觉，第二天工作效果很差。为什么？因为昨天晚上他休息不好，力不从心了。连睡眠都控制不了，怎样控制事业啊？有人还说，今天喝酒又喝多了，连喝酒你都控制不住，你怎么控制事业？

一个能控制情绪的人，才能更好地驾驭自己的性格，使用自己的性格。所以在我们带团队的过程中，要学会引导下属，学会控制情绪和使用性格，绝不为性格所困，也绝不自我设限，绝不说自己的性格不适合干什么事，绝不说自己的性格只能干什么事，而是向天下领袖、帝王的王道性格学习，学会使用性格，充分显现自己在企业的价值。

第四章

怎么做，员工才肯行动

做老板的累死活该，想不累怎么办

我听到过不少管理者的诉苦："当领导太累了，我忙得焦头烂额，团队业绩还是上不去。"这类管理者并没有将自己看成真正的领袖，而是整日埋头于具体事务中，把自己束缚起来了，哪还有时间处理他应该要做的事情。一旦团队建设跟不上，业绩就容易落在后面。

面对这样的情况，你急需将自己从现有的状态中解脱出来，改变事事亲力亲为的习惯，放手让员工去完成，这是在给你自己和团队创造生路，这件事情很紧迫。

1. 授权你怕，不授权你死

我想问企业家朋友们，假如有一天你倒下了，你的企业会怎么办？

一个企业的持续性来自哪里呢？谁能笑到最后，活得最久？不是现在最赚钱的，也不是商业模式最好的，资金流最充裕的。而是看谁舍得持续培养更多的接班人，谁舍得花时间、精力培养接班人，谁就能真正笑到最后，活得最久！

很多人想基业常青，如果没有接班人的持续，那么越扩张、越赚钱可能越危险。这种赚钱是暂时性、临时性的表象，跟持续无关，所以基业常青的关键是保持优秀接班人的连续性。否则企业家就很累，要想不累，那又该怎么办呢？

企业家如何解脱，企业如何基业常青？经过大量分析调研，以及在课堂现场听无数企业家分享，我找到了十多个原因，总结了三个最重要的原因：

（1）因为追求完美、因为不放心所以不授权

不授权的原因是什么？很多领导者不授权就是因为做事追求完美，就

是因为不放心。因为他们觉得自己做事100%满意和放心，让团队成员做事得到的是80%不完美的结果，所以还不如自己直接去做算了，最后结果是领导者的行动力越来越强，而团队执行力越来越差，员工个人得不到更大锻炼机会，使得行动力跟领导成了反比。

企业家的能力是自己逼出来的，是他自己知道学历不高，能力不强不好找工作的时候，逼着自己创业做了企业家。通过摸爬滚打练出一身做事的经验。转过身再看新招来的人，有学历但没做事的成功经验，一做事就做不到位，既浪费了时间，又浪费了企业成本。企业家一狠心为了节省成本，索性有挑战的事自己直接上了。

那结果就是员工没事可干，只能干些简单的、容易的，时间久了也养成了惯性。而企业家就成了救火队长，哪里出问题就往哪里冲，一天忙的颠三倒四，连一日三餐都不能按时吃上。员工心里都夸奖企业家好能干，我们不会干的他全会干。

这样的企业家一天到晚一个劲儿地喊累，这不就是累死活该吗？

（2）下属找借口，导致接受反授权

当企业家知道了授权的重要性后，终于开始放手授权，然而授权不彻底，容易让员工找借口。

例如：一个领导者授权他的下属把这个事办了，结果两天之后员工找他诉苦："刘总啊，我努力去办了，可是办的过程中挑战太大了，你看到底该怎么办啊？"当员工问你怎么办的时候，企业家根本不知道这是员工无意识的一种反授权。很多企业家听完后一拍桌子说："这有什么难度、问题说来听听，我们商量一下。"于是你越问他借口、理由越多。所以很多企业家一生气说："有什么搞不定的，这个事情我考虑考虑，要不我去办得了。"

这样一来员工最多被你批评上两分钟，而这个麻烦的事情领导就替他们做了，他们就可以休闲了，领导做砸了那就和他们没关系了。你看看这就是无意识中的反授权。甚至有的员工还来督促和检查："刘总啊，那个事你说你去办，那你办得怎么样了？"

人家不仅反授权给你，还来检查你，希望让你做事别拖延了。

对此有一种专门的解决方案，当有人问你："你看这个事情怎么办?"

你就跟他说："怎么办，我也不知道，唯一的办法就是你自己继续去办，你办好得到奖励，办不好得到惩罚。不管是奖励还是惩罚，你都要兑现自己的承诺，履行自己的工作职责，为自己的生命赢得尊严。你要么把自己办了，要么把事情办了。但是我相信如果你还在乎公司、在乎承诺、在乎尊严的话，你一定可以把事情办了，而且会办得更好。"

这样慢慢地问你怎么办的人就会越来越少，最后养成的惯性就是再也没有人为办事找借口拖延了。而且提高了员工自己的行动力，越行动能力训练得越强。当员工行动力越来越强的时候，就是企业家越来越闲的时候，企业家就可以把更多的时间放在更重要的事上，这才是一个企业运营的良性循环。

正所谓：君劳臣逸则国亡，臣劳君逸则国兴!

(3) 授权不彻底，中途插手已授权

什么是授权不彻底，中途插手已授权?做惯企业家的人，往往都喜欢插手。而插手的后果就是，只要下属万一把事情做砸了就跟你有关系，当你问他为什么做砸了，他一定说："刘总当时你也知道情况，是你中途告诉我怎么做，我就怎么做了，做着做着就成现在这个样子了。"意思是他做错了，全是领导你插手导致的，如果你当时不插手没准他就做好了呢!

要想彻底授权，那么领导者每次授权后就算下属把事做砸了也不要插手，第一是100%信任他，第二让他100%承担。就算是有损失，领导者可以透过这次损失中的教训和启发，避免下次同样的损失。用一次错换到将来无数次的对。

企业领导者，尤其是企业家最重要的一件事就是培养更多的接班人，但很多的企业在实际运营中，为什么不愿意培养接班人，有些总裁让人力资源总监招聘人力资源经理，能招到么?不能，因为好的都被人力资源总监干掉了，因为不把优秀的干掉，对方就会把他干掉。有人说管策老师我不是不培养接班人，我培养的很多接班人都走了、离开我了。我说：你有

没有想一个问题，100 个人培养好了 50 个人留下了，你只发 50 个人的工资，你赚大了。如果 100 个人都舍不得走，都来充当人才那你不就惨了，留下那么多庸人。如果你舍不得培养那 100 个人，也就发现不了那 50 个人的优秀，这将扼杀企业持续的成长。其实要走的终归会走，你培训他也走，不培训他也可能走。而是真正有眼光的下属他更信赖于舍得培养他的领导，那么接下来你要不要先去舍得培养，先让有潜力、有眼光的下属看得见呢？

（4）授权的结果就是培养实战型接班人

企业能够坚持到最后，最重要的关键是持续、不断地培养更多的接班人，这才是一个优秀的企业。所以为什么我们身边的百年企业少有？就是因为舍不得培养更多的接班人，只有培养接班人的连续性，才能够基业常青。

企业的后劲在哪里？一个企业家源源不断地通过授权无形中培养了更多的接班人，而且这种力度和速度要很大、很快，你才能保持人力资源的增值，才有财务目标的增长。如果只想到财务目标的增长，只想到营业额的递增、利润的提升，却没有优秀的接班人做保障、做支撑，即使赚钱了、壮大了，也是碰巧、也是运气、短暂、临时性的结果，企业是没有办法存活的。

2. 要培养英雄的个人，更要培养英雄的团队

联想集团董事局主席柳传志说过：“我的工作只有三项：搭班子，做战略，带队伍”，他把搭班子放在三项工作的首位。何谓搭班子？我想就是建设团队。

一个组织想获得成功，仅仅依靠优秀的个人是不行的，必须依赖自己的最近、最直接的领导班子，通过他们带领下属完成总经理的战略部署，因为“管理是让别人干活的艺术”。如毛泽东固然伟大，是几百年才出来的一位天才，但是没有刘少奇、朱德、周恩来、任弼时等人的鼎力支持，中国获得解放的速度恐怕也会大打折扣。

所以说，团队力量远大于一群人的简单相加。对于领导者来讲，应该多创造机会给你的部下，让他们有机会承担更多的职责。对于下级来讲，应该多替你的上级分担责任，锻炼自己的能力。

究其原因，山雀鸟之所以能够群体学会继续穿破铝制封装就在于：在年幼时期，它们就开始习惯群体行动，用数量约八到十只的编队方式，以一个不变的队形在乡间成群飞行，并能够维持大约两三个月之久；而红知更鸟是排他性较强的鸟类，势力范围内是不允许其他雄鸟侵入，遭遇威胁之际，才会发出警告叫声，彼此没有太多交集，基本上是以敌对方式来沟通。因此集体行动、团队合作的山雀鸟彼此学习、互助，较彼此采取敌视态度的红知更鸟，能够更快地拥有加速学习的效应，从而使自己拥有更多生存空间与进化能力。

无论什么车总会出现问题的，无论它有多名贵，就像团队一样，无论你有多大名气，有多大能量，团队工作中总会出现这样或那样的问题。

团队也是一个成熟的产品，它分别具备精神层次与功能层次的内容。一个优秀团队更多的不是因为功能层次而结合，而是因为精神层次而结合，正所谓“臭味相投”，“道不同，不相谋”。

我讲过一个故事，一个老掉牙的故事：说有一位神父天天传教布道，教人一心向善。有一天，一个人向神父唱反调：神父，天天说天堂地狱一念间，你去过吗？你说天堂好过地狱，我认为地狱好过天堂。你说呢？反正你没有去过！神父确实没有去过天堂地狱，不知道怎么回答。只好向上帝祈祷：上帝，请您告诉我天堂和地狱有什么不同，不然弟子没有办法帮您传教啊！上帝看到自己的业务员（神父）遇到困难，竟然显灵说：天堂和地狱的区别是天机不能泄露的。这样吧，带你去看看，自己去感悟吧。哗的一声到地狱，只见个个面黄肌瘦，愁眉苦脸，原来他们围着一口大锅要喝汤，但是勺子太长了自己怎么喝也喝不到。又哗的一声到了天堂，只见个个红光满面，有说有笑，原来他们也围着一口大锅喝汤，虽然同样是长勺，但是你勺给我喝，我勺给你喝，不亦乐乎。

当然，这是一个寓言故事。事实上在生活当中，单打独斗的时代确实已经过去。诺贝尔奖设立的前25年，合作获奖的只有41%，现在合作获奖的已占到80%。“篮球之神”——迈克尔·乔丹率领公牛队获得6次NBA总冠军的奇迹，也是要靠团队才能创造的！国内，IT巨头联想集团为了应对强大的国际竞争对手，提出要打造一支如狼似虎的团队，简称“打造虎狼之师”，这其中的团队管理的精髓也让我们这些研究团队管理的人士心向往之。

3. 识人才更要用对人才

事业兴衰，人才为本。这是大家公认的真理。“尊重知识、尊重人才”也作为一种社会公德被人们所接受。在用人问题上，毛泽东曾经说过：“政治路线确定之后，干部就是决定因素。因此，有计划的培养大批新干部，就是我们的重要任务。”毛泽东在这里讲的政治路线，对于企业来说，就是经营管理的重大决策，是企业发展的方向问题。而干部队伍的建设，就是指用人问题。在中华民族几千年的历史上，尊重人才、重用人才、求贤若渴的典型事例比比皆是，不计其数。从朱熹的“等闲识得东风面，万紫千红总是春”到龚自珍的“我劝天公重抖擞，不拘一格降人才”；从刘邦重用“初汉三杰”打天下到刘备三顾茅庐请诸葛亮，还有李世民依靠房玄龄、杜如晦、魏征等营造大唐盛世，以及被后人广为传颂的“得人才者得天下”的千古名言，都充分说明了想成就事业的人对人才的渴求是多么的强烈！

“选对人，育成人，用好人，留住人”短短的12个字，不知道凝聚了企业家多少的心血，花费了人力资源部多少个不眠之夜！要知道，从茫茫人海中寻寻觅觅，百里挑一才选出那最合适的人员是多么的不易；从新员工入职时的企业文化同化培训，到岗位职责范围内的各项工作任务所必需的相关知识与技能的培训、在职辅导、工作历练……点点滴滴，渗透着管理者的多少操劳；给予员工适合其特长与职业兴趣的工作，帮助员工设定工作目标，规划工作计划，界定要达成的工作标准，设计工作结果对应的考核、评价、奖惩方式……为了使员工能各司其职，体现出每个岗位所应体现的价值，企业在用人方面真可谓是呕心沥血，费尽心机！而企业最怕的，就是员工一旦羽翼丰满，修炼成人，得道成仙，就展翅他飞；远走高飞倒也罢了，倘若是被高薪诱至对手旗下，公然与老东家唱起对台戏，那可就非同一般之举了。不过既然“背信弃义”一词已在当代职场辞海里消失，那这种跳槽也只能算是“良禽择木而栖”了！果真到这份上，企业就只有大口吐血的份了！

越是有能力的人，越是面临着外界更多的诱惑，越是有资本跳来跳去，选择他要栖息的“良木”。这就好比那娶了美女为妻的先生，在享受比他人更多的幸福感与自豪感的同时，也比他人多了一份危机感。留住人才，其实也与留住美妻一样，决不能在门口设一卫士，横刀立马，横眉冷目——想走？我这里压着你的毕业证、户口本呢，我那边还有高额的违约金要你支付呢！我拒不签字看你怎么走，到了我这地盘上，你是来得去不得了！这硬的一套，早就过时了，新的《劳动合同法》更加明确了偏重保护劳动者的态度，只要履行了正常的手续，没什么违法乱纪的小辫子抓在企业手里，员工的去与留是有很大的自由度的。这硬招不仅不灵，而且弄不好企业还要被诉之法庭。企业留人，就只有下软功夫，规范内部管理，尤其是提高各级主管的职业素养与管理水平，以“润物细无声”的方式把留人的功夫下在平时，让人才心甘情愿、死心塌地、安心工作，达到“不用守门胜似守门”的无为而治的境界，才是留人的最高境界。

对于有着突出贡献的员工，企业不仅想要留住其人，更想留住其心。而影响员工能否持久、积极工作的主要因素有很多，诸如工作性质、领导行为、文化氛围、个人发展、人际关系、薪酬福利、工作环境等多种因素。企业只有规范内部管理水平，提高人员的整体素质，构建以能力、业绩为导向的业绩管理体系，在组织内创造和谐、积极、向上的文化氛围，使员工时时感受到公司对自己公平、公正、客观的关注与关爱，才能够激发员工敬业爱岗、主动工作的热情，以及以公司为家的企业情怀。

实践证明，选好人、用好人，是事业成功的重要保证；反之，如果选人、用人不当，不仅对事业发展不利，而且还有可能葬送整个事业。那么，我们如何才能做到选好人、用好人，保证在选人、用人问题上尽量少犯错误或不犯错误呢？我认为，首要的一点就是要制订一套科学合理的选人、用人标准，明确选人、用人的原则。

我在企业内训时把基层员工分成四品，缺失的一方面正是需要改变或提升的地方，衡量基层人才的标准有两个方面，一是态度，二是能力。这里的态度主要是指政治标准和思想品质；能力主要是指生产力标准和工作业绩。员工无态度，无能力是废品，员工有态度，无能力，是半成品；员工有能力，无态度，是毒品。只有既有态度，又有能力的才是精品，是推动企业发展的核心力量。唐朝大臣魏征，把德与才结合起来，主张德才兼备；宋代政治家司马光在前人的基础上又提出“才者德之资、德者才之帅”的主张。这些都充分说明在选人用人问题上要注重德才兼备的道理。

4. 没有沟通的前奏就没有你想要的结果

有一个很感人的故事。看了之后，真是又感动又深思，让你立刻明白沟通是多么的重要。

有一次，中国台湾某机构邀请林语堂参加一个万人演讲，为了有一个好的形象，林语堂特地去香港定作了一套价值3万元的纯白色西服，这套西服在演讲前一天的下午赶送过来了。当天下午，林语堂试穿了这套西服，非常好、非常合身，唯一美中不足的是裤子的右边裤脚锁边时短了一公分左右。当时有三个人都注意到了这一点，这三个人就是林语堂的老母亲、妻子和16岁的女儿。西服再改是来不及了，林语堂无所谓地把西服叠整齐，放进了更衣室的衣柜。晚上，林语堂的老母亲怎么也睡不着，心想自己的儿子那么有名望，怎么可以穿一个裤脚长、一个裤脚短的西服去演讲呢？于是她起身来到了更衣室，为了不影响儿子休息，她摸黑把左边裤脚剪了一公分，并缝好熨好，安心睡觉去了。林语堂的妻子也睡不着。到了午夜，她再也忍不住，起身去了更衣室。为了不影响丈夫休息，她摸黑也把左裤脚剪了一公分，并缝好熨好，安心地睡觉去了。天快亮的时候，林语堂的女儿醒了。老实说，她也没睡好，一晚上爸爸高大的形象总与一个裤脚长、一个裤脚短的画面联系在一起，于是她也来到更衣室，摸黑再次把左裤脚剪了一公分，并缝好熨好后回房小睡了一会。林语堂一大早起床后洗脸、刷牙，然后换西服，三个女人不约而同地站在更衣室门口内心无比愉悦地等待林语堂的夸奖，但林语堂出来后，大家傻眼了：昨天明明右裤脚短了一公分左右，今天，怎么反而左裤脚短了这么多？

亲爱的同事，要是你是林语堂，你会怎么办呢？林语堂就是林语堂，他还是坚持穿这条裤子参加演讲。

　　在主持人介绍下，林语堂慢慢走上讲台，台下掌声如雷，但林语堂隐约听到如雷的掌声中夹着笑声。于是林语堂就把昨天发生的事与大家讲了一遍，最后还补充了两句："世界上最真、最纯洁、最伟大的爱都会出现沟通障碍；世界上最真、最纯洁、最伟大的爱都需要良好的沟通。"

是啊，如果没有好的沟通，那么你的好心也可能办了坏事。再看看社会、企业、家庭当中，有多少事情是没有沟通，而变得复杂了？

那么在企业中上下级之间保持良好沟通，有利于管理者了解员工的情况和想法，同时将经验传递下去，这是一个互补的过程。

沟通工作越好，管理者越能得到解脱，你想表达什么，对他们的工作有哪些希望，都能利用沟通很好地表现出来，只要了解了员工的想法和行为，你就能掌握团队的核心，还怎么会放不开手呢？

沟通过程中，最大的障碍是双方无法完全理解彼此的想法，为了减少这种情况的发生，不妨让员工对你的意图做出反馈，例如，沟通完毕前，向员工提问："你理解我的意思了吗？"同时要求对方复述一遍，如果他复述的内容与你的想法一致，说明沟通有效，反之，就要进行纠正，当然，从对方的表情和肢体语言中，也能了解他是否接收了你的信息。

对于不同员工，你要选择不一样的沟通方式，由于他们的年龄、教育程度、文化背景、工作经历不同，使得他们对同一句话，会产生不同理解。此外，由于大部分员工长期从事某项工作，都有自己的"行话"或者

"术语"，管理者如果忽视这类话，会将给沟通造成障碍。

如果在传达信息的时候，尽可能使用"白话"，对于信息的传递很有好处，能最大可能地消除负面影响，沟通也就更加顺畅。

既然沟通是双向行为，管理者和员工同样拥有发言权，当员工发表见解的时候，管理者也要认真倾听。

假如管理者只将自己的想法传递下去，而不倾听员工的想法，还是无法做到真正的"解脱"，因为你始终是他们的"靠山"，甚至没有你的指令，他们就无法正常工作。

所以说，你需要耐心听完员工的话，对于想法不一致的地方，还可以进行讨论。值得一提的是，很多管理者喜欢用"对"和"错"衡量员工的想法，却忽略了很多问题是开放性的，这时候，如果你能启发员工，鼓励他们往更深层次方面想，有可能收获更多，他们的思维能力也能得到提高，员工越优秀，管理者越轻松。

沟通过程中，情绪化现象也很常见，要注意保持理性，切忌人身攻击。不良情绪会影响双方对信息的理解，也会禁锢思维活动，导致做出不理性的判断，沟通双方尽量做到就事论事，如果气氛出现异常，不妨暂时中断沟通。

管理者对团队越了解，就越能够从中抽出身来，从而获得"解脱"，这时候，员工才有更多空间思考、处理工作，团队发展也就能够沿着更好的方向前进。

兵不惧死，将能用命

作为公司的老板或者团队的领导者，最头疼的事情莫过于自己的属下们"不听话"，如果属下们对自己传达的命令不予执行，不仅无法体现领导者的权威性，更使得原本该顺利执行的计划和措施搁浅，影响工作的正常进度。因此，如何使员工内心彻底被降服，如何让团队中兵不惧死，将能用命。

1. 凡事先拿自己“开刀”

曾经有一次我给几个战友安排了任务，如果大家完成任务我就自己掏钱请大家吃火锅，如果任务完成不了，每人罚酒一斤，而且要现场兑现。结果到了检查的那一天，考察了一下午没有一个人通过。我拿出了要惩罚的四斤白酒放在桌上打开，准备让杨昌行、毛龙、汪洋、刘丽四人喝掉，以兑现他们的承诺。当他们准备喝的时候，我阻挡了他们。

我说：“今天的错不全在你们，我是你们的领导，我有缺乏督促和检查进度的失误，要罚先罚我，易扬监督我，这酒我替大家干了。”说完桌上一斤酒我一口气喝进肚子里，一点没剩，但由于是空腹，当时我在两分钟之内就醉了。结果他们几个哽咽得说不出话来，眼圈都红了。

后来张宏瑛总经理对我说：“管老师最近他们变化太大了，做事主动性太强了，交代的任务全部都是提前完成啊，真是太佩服你了。”

其实这就是对自己狠带来的结果，一个出了错敢于先从自己“开刀”的领导，没理由不让人心服口服啊。

2. 兑现承诺很重要

你会忘掉曾经对别人许下的承诺，但别人不会轻易忘记；作为领导不轻易许诺，然而一旦许诺，哪怕跪着也要完成。

你可以在婚礼现场当着所有亲戚、好友、同事的面对那个女人说：“亲爱的嫁给我吧，从此我的眼里只有你，我会用生命对你负责的……”然而没过七年，你又一次踏上婚礼的殿堂，对着另一个女人说着同样的话。我想这一刻如果我是你的合作伙伴，我心里会想些什么呢？如果我是追随你多年的下属，我心里又会怎样想呢？一个为你付出一切的女人，一个冒着生命的风险给你生下一对儿女的女人，一个含辛茹苦拉扯孩子长大的女人，一个把你从一个男孩成全为“父亲”的一个女人……你都可以对她丧失承诺，何况是一些没有任何血缘关系的合作伙伴和追随你的员工？

信誉，是带领团队最基本的保障。俗话说“人无信不立”，如果领导不能在下属心中树立起“言而有信”的形象，那么下属对你说出的话就不会听从，更不会心服口服地去执行你的命令、心甘情愿地追随你。所以，一旦对下属做出了承诺，就要想办法实现，绝不能伤害他们的感情。

其实就是领导要求员工做到的，领导首先自己要做到，只有通过自己的身体力行，为员工树立榜样，最终才能影响员工，跟着自己往前冲。

好多老板找问题，找到制度执行出了问题，我就请教老板们，当公司执行上出了问题时，是先从领导层出问题？还是从员工层出问题？从公司制度宣布执行起，在公司最先犯规的，最先打破缺口的是领导，还是员工？

公司规定不能抽烟，谁最先犯规？公司规定不能在办公室吃饭，谁最先犯规？公司规定不准迟到，谁最先犯规？都是领导层，位置越高的带头犯错概率越大。

员工凭什么对你的话心服口服？他不看你嘴上怎么说，他看你怎么做的。

例如：我们一起做个示范，你就明白员工在看什么？伸出右手来跟我做个动作，把右手放在你下颚上，手放着别动，放在你下颚上。而我是放嘴巴上的，你们也是。看你们多数都是错的，为什么？因为你们看我放哪里，你们就直接放哪里了，根本不在乎我怎么说的。我说得非常清楚，我说把右手放在你下颚上。因为你看到我怎么做你就怎么做了，你没听我说什么。所以员工也是一样，他根本不看老板怎么说，他就看老板怎么做。

“一个篱笆三个桩，一个好汉三个帮”，只有你先做到了，员工们对你的行为和命令才心服口服，他们才会心甘情愿地做事。相信各位企业家们一定可以通过自身的行动来证明自己的实力，在员工们心中树立自己高大的形象，赢得他们的尊重，获得他们的忠心。

3. 放下自我，与员工高效率沟通

对于团队而言，沟通是一个永恒的话题，因为只有通过有效沟通，领导者才能够将自己的指令清楚地传达给下属，而不会出现“误传误听”的情况。同样，通过沟通，员工才能够准确理解领导者的意图，并按照他们的意愿办事。在高效的沟通中，双方不仅能够通力协作，共同将工作做

好，而且也能够加深彼此间的了解和信任，使员工对企业家心服口服。要想做到高效的沟通，就不仅要求领导者要“会听”，更要“会说”，只有做到“会听”，员工们才会愿意将他们的想法讲出来；只有做到“会说”，才能够将自己的意图传达给员工，而不会引起他们的反感。

(1) 领导者要“会听”

“会听”不仅意味着领导者要能够正确理解下属话语中的含义，更重要的是这样做能够让下属讲出他们心中真正的想法。因此，领导者在倾听的过程中，不能让自己的想法“先入为主”，这样容易曲解下属的话；而且，在倾听时，要毫无偏见、敞开心胸，全方位的接收对方传递的信息。简而言之，就是在“听”的过程中，要当作对这件事情毫无所知，将自己的想法抛到一边，从而站在一个全新的角度去考虑问题。

当领导者学会倾听时，下属们就更愿意将自己心中的想法毫无保留地说出来，就像人们总喜欢向毫不知情的人透露更多秘密一样。而领导者就能够在这个过程中更加深入地了解下属们内心中真实的想法。

(2) 领导者要“会说”

领导者的意图必须通过表达才能够传达给下属，而如何让下属心服口服地执行命令，就要求企业家们学会“怎样说”。“如何说”是一门高深的学问，说得好，就能让对方心服口服，心甘情愿地去做事；说得不好，就会引起对方的反感，交代的事情就不能完成。

王总是一个成功的商人，拥有一家大型建材公司。最近，他遇到了一件棘手的事情：如何处理朋友张伟与公司 CEO 刘洋之间的矛盾。张伟是与自己共同创业的人，而且是董事会成员，持有公司股份，两人经历了大风大浪终于有了现在的成就，感情很好。而刘洋则是一位精明干练、才华横溢的人，为公司出了很多力，在他的带领下，公司未来的发展形势一片大好。由于张伟性格专横，行事独断，所以与刘洋的关系一直不好。前几天，由于在没有通过请示刘洋的情况下，张伟购买了大批建材，虽然对公司有利，但是却不符合公司的规定。终于，张伟和刘洋之间的矛盾彻底爆发，刘洋则直接对王总说自己要辞职。

面对两人之间的矛盾，王总很头疼，因为两人他谁都不想失去。一方面，尽管张伟有些专横，也总是惹得他十分恼火，但是张伟对公司却是全心全意的；另一方面，公司确实需要刘洋这样充满激情、充满才华的年轻人，他对公司未来的发展有很大的推动作用。因此，王总陷入了沉思。经过几天深思熟虑，他想到了对策。

在一个休息日，他将张伟约到自己家，要和他进行一次深谈。张伟到王总家里的时候，还是一副气呼呼的样子，他已经准备好了如何反驳王总的指责。然而，王总并没有批评他，而是心平气和地对他说："张伟，咱俩这么多年朋友了，你的脾气我了解，说实话，我对你独断专行的行为一直都不赞成。不过上次的事情已经过去，我不想深究，我现在只想问你一个问题：你觉得公司为什么能够有现在大好的发展形势，而在促成这种形势的过程中，你和刘洋都扮演了怎样的角色?"

听到王总的话，张伟先是一愣，然后立刻明白了王总的意思。他知道王总不是一个轻易放弃的人，于是收起那些准备好的反驳的话，开始认真思考并回答这个问题。两人之间的谈话内容都是有利于公司未来发展的，而且在这个过程中，张伟也意识到刘洋对公司的重要性，并且同意王总所提出的"只有协作才能让公司更好发展"这一观点。在谈话结束时，两人达成一项加强公司规章制度管理的共识。

第二天，王总又约谈了刘洋，以同样的方式说服了他。

从例子中我们能够看到，对于那件棘手的事情，王总并没有急于指责张伟的错误，也没有私下找刘洋商谈对策，而是通过这种谈话的方式，让他们两人都意识到对方对公司的重要性，采用"釜底抽薪"的对策解决了矛盾的根源，最终使两人心服口服。那么，面对这种问题怎样"说"才能行之有效呢？我们可以从下面几点入手。

①在谈话的过程中，尽量选择宽松的环境，采用宽松的语言。

很多领导者在与下属谈话时不喜欢“绕圈子”，他们觉得那样有损自己高大的形象，而是选择强势的、直截了当的方式进行对话。这种方式固然能够体现领导者的威严，但是却容易引起下属的反感，也许他们会在表面唯唯诺诺，但是内心深处却不以为然。而宽松的谈话环境则会软化下属的防卫意识，以循序渐进的方式逐渐让下属接受领导者的命令，从而心服口服地去执行。

②谈论对解决问题有帮助的部分。

领导者与下属谈论如何解决遇到的问题时，一定要抓住问题的要害，谈论能够解决问题的话，而不是随意闲聊。只有对下属提出对解决问题有帮助的建议，才能够赢得下属的敬重，如果只是说些不着边际的话，则会令下属觉得你没有实力，在逃避问题。如此一来，你在下属心中的地位自然要大打折扣，同时，他们对你发出的命令也就不会心甘情愿地去执行。

③引导下属去思考，而不是直接给出答案。

当下属提出问题时，为了培养他们的执行能力，作为领导者不是直接给出答案，而是应该通过引导，让下属自己想出解决问题的方法。这样一来，不仅培养了下属的工作能力，还能够令下属对你“感恩戴德”，觉得你是一个有能力、会带人的领导，以后再遇到问题时，还会主动向你请教，并且对你的话也会言听计从。

4. 用实力说话，证明自己能够胜任“领导者”

张磊年轻有为，年纪轻轻就已经是某建筑公司技术部门的经理，由于刚刚上任，而且是从其他公司应聘进来的，所以对公司内部的情况还不太了解。来之后没几天，张磊就发现公司技术部门的工作氛围很“宽松”：上班时间，员工们总是在办公室里来回走动，甚至会和同事旁若无人地聊天；开会时大家发言很积极，但说的都是些毫无营养的话，即使和会议主题相关的内容，也都很空洞；更为严重的是，对于他分配下去的任务，有的员工甚至没有按时完成。

面对自己这些属下，张磊感到很头疼：自己刚刚上任，对这些老员工又不能太过严厉，毕竟以后要在一起长时间相处，撕破了脸皮，对谁都不好；可是任由他们这么“胡作非为”，自己这个领导不仅脸上无光，更重要的是公司的工作无法顺利进行。为了解决眼前遇到的困境，张磊采取了相应的措施。

他召开了一次部门会议，在会议中，他先向下属们提出由于自己初来乍到，希望能够得到大家的认可和帮助，为公司的发展共同努力。然后对下属们说，自己来公司担任技术部门的经理，不是依靠关系，而是凭借自己真实的实力，这会在以后的工作中向大家证明。最后他强调，如果大家不遵守公司的规章制度，他将会秉公办事。

其实，下属们之所以会“欺负”张磊，就是因为觉得他太年轻，担任技术部门经理也是因为与高层关系好。经过那次会议之后，下属们对张磊的态度有所改变，逐渐开始尊重他。此后不久，由于解决了一次关于技术方面的难题，张磊让下属看到了自己真正的实力，也终于奠定了自己在公司和下属心中的地位，成为技术部门中说一不二的领导。

像张磊这样在公司中不能让员工们心服口服的领导者有很多，但是能够像张磊这样“兵不血刃”地解决问题的却很少。那么，我们该怎样做，才能够巩固自己在公司和员工们心中的地位，让员工心服口服地执行我们分配的任务和发布的命令呢？我觉得可以从下面几个方面入手，解决这个令人头疼的问题。

人们总有这样的特点——服从强者的意志，拒绝向弱者低头，因此，若想让自己带领的团队成员们心服口服，领导者必须要有强大的实力，起码要在自己统领的领域内有一定解决问题的能力。试想，如果员工们遇到了无法解决的问题，肯定会在第一时间向你请教，而你对这些问题一无所知，无法提出任何建议或解决方法，那么员工一定会在内心想：连这种问题都无法解决的领导，怎么能够带领我们解决其他难题？怎么能够带领我们实现长远的发展？当员工们出现这种想法时，他们不肯服从领导者的命令也就在情理之中了。

像上面的例子中，如果担任技术部门经理的张磊只有管理方面的才能，而没有过硬的技术做支持，那么在遇到技术方面的问题时，他所说的“依靠实力”的话就会“穿帮”，而下属们就更加不会承认他的领导地位。所以，团队的领导者要在适当的时候展示自己的实力，以降服员工，从而让他们服从自己的命令。

5. 合理的薪酬制度激发员工活力

薪酬制度总是被提及，正因为它对员工的影响极大，所以必须被认真落实，如果他们的薪水和业绩息息相关，就能提升团队势气。

从心理学角度说，启用“绩效工资”会增加员工的归属感，几乎所有人都觉得：公司发薪水给我是应该的，因为你帮公司取得了效益。

每个人都是这样吗？

答案显然是不确定的，由于很多客观因素的影响，员工带给公司的效益并不相同，甚至有些人在某段时间内，没有给公司创造效益。

一旦采用“绩效工资”的管理模式，员工就能清楚地了解，他们是否给企业带来了效益，员工会真切地感受到：自己是团队的一员，一荣俱荣，一损俱损。

还有，不少企业在此基础上，增加了“员工期权”，吸引更多优秀人才的加入，意在让员工与管理者一起，创造团队美好的未来，这种薪酬制度会令员工更有积极性。

完善薪酬制度，只需要对原有的方案进行适当调整，但却能够在管理工作中发挥巨大作用，正因为员工对其关注度很高，甚至是前来工作的重要目的之一，所以需要管理者关注每一个细节，最大限度地利用它，成为激励员工的工具。

6. 提升每一句话的分量

用微小的力量战胜较大的力量，如今，“四两拨千斤”被越来越多的人运用于团队管理中，对管理目标有很大的影响。

不少人将管理看成“对事不对人”的过程，这种理解是错误的，能把

“人心”管好，团队才会得到发展，简单地讲，谁能打动人心，谁就是真正的领袖。

管理是人与人之间的哲学，凡是优秀的管理者，自身综合素质都较高，不要小看“榜样的力量”，往往是对员工最好的激励，在他们看来，管理者本身便是品牌，威信是从点点滴滴的小事中积累起来的，越是有魅力的管理者，越能把员工聚拢在身边。

我常对学员说：“管理者说话应当有分量，如果你说一句，抵得上十句，恭喜你，你在员工心中占有很重要的位置。”

管理者想要做到“四两拨千斤”，就必须提升每一句话的分量，不仅让员工觉得你很有效率，并且帮助他们养成这个习惯，久而久之，他们的综合能力就会得到提升。

让每一句话有分量的前提，是管理者拥有明确的目标，你想把团队建设成什么样子，就要朝相应的方向努力，在这个过程中，你的每一句话、每一条指令、每一个决策都要对结果有利，团队就有可能在更短时间内出现质的飞跃。

例如，你给团队制定的本年目标是，销售业绩比上年度翻一倍，如何完成它呢？不妨从团队人员架构、员工能力水平、阶段目标等方面入手，对原有情况进行调整，使之适应变化和发展。

有的管理者说十句话，只有不到一半有用；有的管理者说一句话，却顶得上十句话的分量，想要带出一支有竞争力的队伍，就必须做到后者的效果。

员工不是看你怎么说，而是看你怎么做；再好的方法也是别人的，只有从实践中体验总结，才能悟到兵不惧死将能用命的核心。

员工凭什么一条心追随

许多公司为了解决企业问题，总是调整体制，可是调整来调整去，没有实质的进展，说到底就是决策层一直没有触摸到核心问题：改革永远改的就是给谁干？干完怎么分？其他一切都是苍白。

人聚到一起有大矛盾，就是分钱、分利的问题。所以想让人在一起，首先要把名和利分好。什么是胸怀：所谓胸怀在这个点上，就是能拿出名利跟人分，就叫胸怀。

必须要学会有本事把那些跟你一心的人，变成一伙的人。经营人的境界就是用核心的这一伙人去影响另一伙人，而不是你自己去影响一群人，这是无数人一生难以走出的误区。

除此之外具体到底怎么做，我们从三个方面入手。

1. 领导人一定要具备把梦想看得远的能力，并且能描述到让员工兴奋

今天老板不是花时间到北上广、商学院去学富五车，学得才华横溢，而是学前瞻性，往前看的能力。企业要获得长足发展，领导者必须要有前瞻性，要有远见，要想让别人跟你走，你就要比他看得远。从老板修炼此道的角度来看西方好莱坞拍的片子为什么比较火，比较有影响力，好莱坞的《未来水世界》、《星球大战》等拍的全是未来，都是往前看的思维。单从这个角度看好莱坞的思维就是向前看。而中国电视剧拍的是从清朝宫廷戏一直拍到商朝姜子牙的《封神榜》了。所以老板的思维就是往前看、往前发展，只有看得远，才更能成就事业。

有远见不只是让自己兴奋，而是让高管、让员工兴奋，让老板的梦想里一定也包含员工的梦想。这才是领导者成就大业的真正能力。有远见就意味着先夺商机，就意味着企业未来有明确的发展方向，就意味着员工有足够的信心，跟着你继续奔跑。所以领导者不能没有远见。有了远见，不能不描述清楚，因而领导者必须内修素质，外练能力，努力得到员工认同，从而成为能够影响团队的企业领袖。

阿里巴巴马云也是这种思维，就是他看得远，而且他能向下属清楚地描述未来，让下属产生信心，所以才有今天的阿里巴巴的辉煌。

为什么那么多人追随国父孙中山先生，因为他看得远，而且能向身边人讲得清楚，所以他后来能影响千千万万的人行动起来，就是他不在了，依然有千千万万的人践行国父遗志。因为他先知先觉了，他看得远。今天

做事业也是一样，员工就看哪个老板看得远，谁看得远谁就能吸引更有能力的人。

2. 一般员工喜欢追随使用个人智慧干事的老板，高手喜欢追随使用众人智慧的老板

我经常配合华萃教育的创始人何虹杰老师做一些青少年训练营，她平常教导孩子时就有这样的思维，她很欣赏不听话的孩子，包括不听话的员工，她引导孩子，引导员工，听那些有大成就者的话，听能创造大结果的人的话，而成就大事业者的第一句话，必须是要勇敢，所以在训练营她拼命训练孩子要突破、要勇敢。

有一次我约她和她公司几个总经理喝茶，探讨到一个问题时争执很大，意见很不统一，很显然这几个总经理很有个性，他们是久经商界的宋丽黎和王彩霞，负责广东市场。越是有能力的人也越有其个性和见解。何虹杰老师非常欣赏这种敢于表达，敢于在问题上争执的个性，平时都不喝酒的她，此时非常兴奋，她说她喝红酒这个时候最有味。

就是这种拼命训练员工勇敢的思维，敢于表达不同观念的思维，今天的竞争谁要团队员工没一点企图心、不勇敢，那企业就此休矣，那这个团队也就等于废了。所以勇敢大于其他特质，包括你的能力，包括你的经验、学历、学识、所有价值观等，没有勇敢就完了。所以成大业者首先训练人的思维都跟绝大多数老板不一样，而绝大多数老板嘴里喜欢有个性的，但骨子里喜欢迎合自己，意见始终能和自己站一块的人，拥有这样的思维的老板，在江湖上只能是一般老板，一般选手而已。

所以很多人学习思维太保守，包括小孩从出生就没学勇敢。其实人的企图心，就暗含了这个勇敢。天下很多人，一生所有的不幸，就是因为缺少勇敢。而今天最大的遗憾是没去培养孩子的勇敢，没去培养下属的勇敢。只要为公司着想，尤其是核心骨干要敢跟老板去探讨、甚至拍桌子去和老板争论，怎么吵都没问题，结果必须是为了公司发展。

说到这里，员工到底喜欢追随什么样的领袖人物呢？越是干大事业的老板越有本事用众人智慧，越是干不成大业者都是使用个人智慧。越是一

般员工喜欢追随使用个人智慧干事的老板，这样干着轻松，而且不用承担责任。越是高手越是喜欢追随使用众人智慧的老板，这样干不仅赚钱、赚实战能力、更赚共同的未来。

我很欣赏的一个江苏的老板叫王栋，是一个非常有智慧、有灵性的领导者，以前她常在南通分公司开会，每次都特别善于引发领导层去思考，她基本不轻易讲话，她的目的就是做领导要引发众人智慧，就要该闭嘴时要闭嘴，老板话太多，一般开会老板讲话占时间太多就表示这个老板个人的东西太多，就是太自以为是。凡是在公司开会讲话多的领导，就是准备领导大家一起倒闭叫“领倒”，做领导一定要善于用大家的智慧推动公司的发展，要善于引导大家贡献思路，贡献解决方案的老板才叫真正的“领导”。

如何让开会更有价值，更实效？例如公司每天都要开例会及各种会，可是天下有几个员工发自内心喜欢开会的？尤其老员工都听好几年了，耳朵都长茧子了。

我的解决方案是：老板或其他领导闭嘴少说话，让最有结果、业绩最好的人讲成功经验。只要这些人一上场，我保证那掌声肯定比老板上场热烈。

这就是做老板为什么一定要使用大家的智慧？目的让成功者去影响其他人。

所以做老板就不能有以前那种思维了，就要从高高在上的神坛上到地上来，要彻底落地，要落在地上扎扎实实地培养和使用大家的智慧。要扎实的像石头一样，把自己融化。这也是佛家讲的无我境界，把所有我执我见，都消灭，开始用众人智慧。也就是说谁有本事用众人智慧，谁就必然成就事业。当你不会使用众人智慧，你的本事也大不到哪里去。一般的小老板觉得自己很聪明，觉得自己能啊，有点能力就用自己的一个脑袋，听不进别人的话。而成大业者，恰恰是用别人的智慧，他的体现就在于，看整个公司高层员工，愿不愿意发自内心，给公司三番五次提建议、提思路，如果能，这个公司就没有难事，这个公司就有未来。这个思维让新的创意、新的想法不断出现，是人才可以大展身手，不是人才可以逐渐锻炼成人才，跟这样的公司就有学不完的东西，长不完的能力。

不管你是不是人才？我相信你内心只要渴望未来，那么你一定渴望这样的公司。所以以后别说留不住人，员工为什么辞职？员工跟着你能获得什么长进？员工辞职都是被逼无奈，万不得已才辞职的。

3. 老板的焦点越是在事上，就一个人操心；越是在大家身上，就大家一起操心

《天下无贼》中黎叔比较经典的一句话：“人心散了，队伍就不好带了。”由此可见，经营企业就是经营人心，人心定了，江山就定了。

马云说过：“员工离开就两个原因，要么是心委屈了，要么是钱没有分好。”

当家庭遇到问题，所有家里人会不会一条心呢？肯定会。为什么会呢？就是因为每个人都觉得是自己的事。那么企业遇到问题，员工会不会一条心啊？想清楚这个问题老板就知道员工到底该怎么培养了。

老板是喜欢培养有本事的人，还是喜欢培养跟老板一条心的人？我绝对不会花心血培养一个有本事的人。如果一个人很有本事了，但跟我不一条心，他就会把我推翻，他就想把我管策取而代之。

所以老板要发自内心把焦点放在培养那些跟自己一条心的人，如何让员工和自己一条心？

中国积分制管理创始人李荣先生是近年来国内外MBA案例研究的热门话题。他的讲座在国外都有专业机构推广，这家公司不仅善于调动员工积极性，更推崇的是“把人当人”——既在乎员工的伤风感冒，也为他们提供善待他人改变命运的公平平台。李总认为，人是生意基石。我们曾多次举办论坛请李总去讲座，李总说：“我们的管理很简单，我们的管理成本非常低，一切太复杂的东西都缺乏持续的竞争力，尤其在管理上。所以我们的员工做事的主动性很强，我们的积分奖励完全是替员工考虑的，我们几乎没有惩罚，同时我们更把他们当家人对待就行了。”他的答案就这么简单：“人心都是肉长的，你对

人家好，能帮他实现需求和梦想，人家也就对你好；只要想办法让员工把公司当成家，员工就会把心放在顾客上。”

员工究竟为什么跟你走？为什么他觉得你能帮他实现梦想，不是你对他说什么，是你让他能感觉得到，让他能看得到。

你把员工当什么？员工就拿你当谁了？让员工感受到你拿他当家人时，员工自然拿你当家长。在我们的内心里家是最能触动神经，是绝大多数人的精神家园，一生的追求与荣辱都同家连在一起。家还有一个特点，就是公私不分。家的成员很多，地位有高有低，可每个家庭成员都愿意为它做出最大贡献。想让员工把企业当家，先把员工当家人。

企业的老板和经营者切不可如富士康郭总一样把管理员工看作管理动物一样头痛的事情。尽管他随即做了解释，但正如媒体所说的那样，其心态决定了语言，越描越黑。在人口红利逐渐淡化、“用工荒”日益蔓延的今天，只有从人力资本的角度看待人力资源，而不是从人力成本的角度看待人力资源，才能激发建设一支“上下同欲”的员工队伍的积极性，着力构建企业信仰一致的文化建设。

人不仅需要爱，除此之外还需要尊敬。对员工的尊敬就是信任。这也许就是海底捞对企业管理者最大、最有益的启迪。

很多企业家都抱怨团队不好带，抱怨员工们不听话，即使给他们优厚的待遇，也难保他们不会三心二意，跳槽到其他公司。因此，如何拴住员工的心，使他们能够一条心地追随企业，成为每个企业家迫切想要解决的问题。下面，我们来看看战国名将吴起是怎么带兵的。

吴起是战国时期著名的军事家，善于带兵，他强调“兵不在多而在‘治’”，并首创通过考核选拔优秀士兵的方法。吴起对优秀士兵的考核非常严格，要想成为他的“武卒”，必须身体强壮，作战勇猛，能够吃苦耐劳。而一旦进入“武卒”系统，该士兵全家的赋税徭役、田宅租税都能够被免除。而且吴起对自己的士兵非常关爱，把他们当作自己的兄弟来看待，甚至不顾身份差异而亲自为受伤的士兵吸出伤口上的脓血。吴起的这种带兵方法使他深受士兵们爱戴，而他所带领的军队也异常强大，能够在战场上战无不胜、攻无不克。

为什么吴起能够带好自己的军队？我们从材料中能够看出这主要得益于两个方面：物质方面和精神方面。从物质方面来看，一旦成为他的士兵，不仅能够免除全家的赋税徭役等开支，还能够拿军饷。在当时的社会环境下，这种优厚的待遇无疑能够令士兵们追随在他身边而不会想着当“逃兵”。从精神方面来看，吴起把士兵们当作自己的家人来看待，并切实付出行动，对他们照顾有加，这使得士兵们能够心甘情愿在战场上为他效力。

企业家的焦点不是“事”，而是“人”，真正的企业家不是忙里忙外，而是研究员工的内心和怎样去满足员工的需求。因此，要想让员工心甘情愿地追随你，就必须触摸到以上三个核心层面。只有这样，员工才更坚定地追随企业家、追随这个企业。

执行的三大核心

无数公司想培养团队执行力，却不知道怎么培养，执行力课程听了不少，要么听来听去都觉得有道理，要么听来听去越听越复杂，不知道怎么在团队中推进执行力？对团队在执行上要求了一大堆，就是没有产生多少效果，问题就在于没有抓住执行力的核心问题。

1. 敢

这是老板的问题，而不是员工的问题。

一个男人一生所有最大的无能和不幸就是心中有恐惧，不敢行动，怕拒绝、怕犯错、怕批评、怕没把握、怕承担……那么作为老板如何帮助团队核心层内心变得强大？核心问题就是建立一个“敢”的环境，老板要从内心打破这种屏障，首先从自己的思想、态度、行为上开始改变，帮助员工在内心化解“不敢”。当看到一家公司高层和老板商量事情的时候，你就可以判断这家公司到底能走多远，能发展还是不能发展。整个高层都不敢跟老板探讨真理的时候，这家公司不会有太大的前进性。在公司重要事情上不敢据理力争，开会不敢去论证，不敢畅所欲言，不敢给老板提意见，更不敢把心里话说出来时，就说明这家公司的领导团队已经成为只有一个人有脑袋，剩下的人却没有真正的见解，这种公司就会慢慢走向下滑。

所以老板必须在公司建立一个“敢”的环境，让你的核心管理层敢表达自己见解、敢说、敢做、敢面对、敢指出问题的核心，哪怕是老板的问题，老板也要真诚面对，越是让老板难受的事情，越能推动公司往前走。

老板就是建立这个“敢”的环境，首先老板要有接受力，鼓励甚至奖励那些敢做事敢说话的人，哪怕做错、说错也要赞赏，公司的发展就是这些敢于行动的人在推进，用一次错的代价换来以后成功的经验。一个不敢做事的人连犯错的资格都没有，更别谈对公司的贡献。所以以一次尝试的错误换来更多次的对和成长的经验，以小的错换来大的正确，以这样的成本形成团队执行的惯性也是值得的，总强过不敢做事情、不敢说话。帮团队建立一个“敢”的环境，就是让团队有强烈的行动空间，任何企业拥有了这个空间，这个企业的内在张力就会变强大，让这种张力承上启下，企业做不强做不大都难。

而作为一名员工敢于行动、敢于承担的行为，就是在改写自己乃至家族的命运。宁可在行动中挑战困难和辉煌，也不要让生命在抱怨、犹豫中度过平庸的一生。因为犹豫中的痛苦和行动的痛苦成本是一样的，但结果却千差万别。

2. 快

快是自然界的生存规律，也是企业和职员生存的法则。

早上，非洲大草原一只羚羊醒来，它知道必须比跑得最快的非洲狮子还要快，否则就会被吃掉；同时，狮子醒来，它知道必须要跑得比最慢的非洲羚羊还要快，否则就会饿死。不管你在企业中是奔跑的羚羊，还是追赶的狮子，当太阳升起的时候都得奔跑。

因为谁快，谁就赢。

我们特别熟悉的动物有两种，一个是老虎，另一个是老鼠，老虎现在濒临灭绝，而老鼠却繁衍昌盛；表面看老虎威风八面，而老鼠不值一提，但老鼠今天的生命力为什么如此强大呢？从核心角度看，老鼠符合大自然优胜劣汰的法则。

第一，老鼠繁殖能力快。成年老虎一年不一定能繁殖一次，而且一次也就生几只幼虎。而老鼠则不同，它每年的繁殖次数和繁殖数量都要比老虎多。

第二，老鼠适应能力快。因为人类对自然条件的破坏，老虎的生存条件受到很大的威胁。而老鼠却拥有强大的适应能力，不管是干燥的地方，还是潮湿的地方、不管是城市环境还是农村环境——山区丛林它都能生存下来，它对生存环境的适应几乎遍及任何地方。

因为谁快，谁就赢。

所以今天谁更快适应自然法则谁就生存，谁适应这个自然法则比较慢谁就灭亡。

今天在职场中人才做事的最大特征是什么？快！

今天你和同样能力的人，奋斗结果的差别可就在这一个字上了。

自然界如此，职场也是如此。

3. 降服

当一个老板张嘴就说员工对企业不负责任、不操心，就说明这个老板是想让别人救自己。当一个员工张嘴就说老板对自己不体贴、不仗义，就说明这个员工想让老板救自己。这都违背了一个规律：自助者天助！

一个没有自助、自救之心的人，不值得别人来救，因为救你成本太大，连佛祖都觉得无奈，佛祖都说一句话："佛渡有缘人。"所以老板想让别人救自己、帮自己，就先得自己救自己、帮自己；员工想让别人救自己、帮自己，就先得自己救自己、帮自己。

一样的道理，生活中许多男人没有得到惊天动地的情感，也就是他自己内心没有真正动心过。

天下人的死穴就是对生命、对未来没有敬畏之心，就剩一个字——混。

如何做到将能用命，兵不惧死？只有有敬畏感的生命才会被自己降伏，被他人降服。

(1) 降伏其心

回想自己童年时最美的梦想，那种最美的感觉，就是你最想做的，或最想成为什么样人的那种感觉，这才是你内心的自己，用这颗心对照今天浮躁的心灵，来降服内心的挣扎，让生命得以回归，去体验到那种初心的神圣感。你会为自己感动，你会觉得自己的生命如沐春风。

当你今天看到身边让你羡慕的大成者，不管他在什么岗位或是什么身份，当你用他的思维去感受他、融入他时，对他创造的结果和对社会的贡献心生敬畏，当心里长出这种敬畏之心时，此刻你就被他降伏，降伏的结果就是无我的理想状态，无我时别人才会自然敬我。

(2) 定其心

自己把自己降服，这个人就算真正成熟了，心就定了；老板只有帮员工把他的心降伏，员工的心才能定在事上，心定在事上的人，才能在事上成就。

女人只有把男人的心降伏，男人才能不变心。就像一个孩子心定不在学习上，就是因为对知识不以为然，对知识对未来没有敬畏感，如要让孩子把心定在学习上，必须要让知识和老师把他的心降伏。让他感觉到知识的浩瀚无边，感受到老师那颗无私而神圣的心，否则在学习这方面，孩子此生休矣。

(3) 生其心

就是员工在公司自发的产生意愿，产生创造力；就是老板自发的产生帮人的意愿，因为他心中的精神力量在不断升腾。

一个对生命没有感觉的人，他怎么可能成就大业？

当你被别人救或你救别人时，就会直接生起精神世界。例如：一个人没有方向，来到公司，五年之后不仅明确了人生方向，还成就了整个人生，就是被公司所救。然后他内心感恩，决心帮助公司带动更多的人，去改变他们的命运，这就是生起的精神世界。

“如果我没有加盟三为盛世，我还不知道自己在哪里混呢！如果没有遇到生命中的贵人，我还不知道在哪里飘荡。因为有了你，我的世界开始变得与众不同。”

再如，某某人得了癌症，哪里都治不好，受尽了病痛的折磨，生命垂危之际，被我们艾美医院的张院长家传秘方救了一命，获救后此人心中有一种力量在升腾，他发自内心的说，张院长你要有什么事，我会用我的生命来回报。

当你去救别人，同样你心中升起精神力量。有一次我在街上走，突然被一位母亲拉住，她千恩万谢得说：“管老师谢谢您啊，几年前要不是您，我的孩子连学都不上了……我代表我们全家感谢您啊！”那一刻我觉得再多辛苦也值得，我觉得我的工作原来这么神圣啊，为了帮助更多这样的生命和家庭，我发誓一定更加努力！在这种不断的改变孩子命运，改变员工命运，这个过程中作为老板心中也升起精神力量，而且这种力量不断的变的更加坚定，哪怕受再多委屈也要做下去。作为员工不断通过自己努力，帮助到更多顾客，让我们的产品、让顾客发展更快，或让顾客生活更好，这一切就是因为他的存在而改变。

作为老板要成大业你不必抱怨他人，老板要承担对员工的再教育责任。要使那些充满渴望的灵魂获救，要让那些想要飞却飞不起来的生命腾飞，要让员工跪着的灵魂站起来，重新捡起做人的尊严。你要看此生你能救多少人，你就能组建多大的核心团队。只有你救过人，你的心才能融化，才能产生真正的气势和气质。救和被救，背后产生的这种精神力量，才是最强大的发自内心的不折不扣的执行力。

只有被救的员工才能生其心，并且发自内心愿意跟老板一条心做事。这种做事的力量不需要督促、不需要命令，这种力量是最高境界的执行力。

为结果付酬，为过程呐喊

企业要想生存和发展，依靠的就是结果，有结果，企业就能持续发展；没有结果，企业就只能关门大吉。

企业的利益从哪里来呢？它们来自员工创造的结果，也就是他们的执行结果。同样，一个员工对企业有没有价值，也是看他能否为企业产出结果，一个拿不出执行结果的员工，对企业而言就是一个没用的人，企业也不需要这样的员工。因此，不仅企业靠结果生存，员工也要靠结果生存。

小王是公司里最忙的一个人，他每天第一个到公司，最后一个离开公司，而且在工作期间也总是显得很忙碌。然而，让大家疑惑的是，上司给小王安排的工作他总是无法按时完成，因此，小王被大家戏称为公司“最忙的闲人”。

为什么给小王安排的工作量不比其他员工的多，但是只有他无法准时完成任务？通过长时间的观察，上司了解到，小王虽然看似很忙碌，但是却没有忙在工作上。比如，小王第一个到公司，打开电脑后不是工作，而是逛下淘宝、或者是看看别人的微博等；工作期间看似在忙碌地写报告，其实是在记一些与工作无关的东西。总之，小王虽然忙碌，但是对工作一点帮助都没有，反而拖了大家的后腿。

对于这样一个不能给公司带来效益的员工，老板毫不犹豫地将小王辞退了。

企业靠结果生存，员工不仅是靠结果生存，更是靠结果获得尊严。

无论对企业而言还是对员工而言，结果都是最重要的，那么这些结果从哪里来？毫无疑问，他们来自于我们的行动，只有行动才能创造出结果，那些只是将行动停留在想法层面而不付诸行动的员工，永远都拿不出结果。

1. 只有让员工行动起来，才能创造出结果

管理界有一条著名的“二八法则”：20% 的人创造了 80% 的结果。为什么少部分人却能够创造出大部分的结果？原因很简单，因为只有 20% 的人敢于行动，将想法付诸实施，而另外 80% 的人却只是停留在想法层面。企业需要能行动、能取得结果的员工，而不需要只说不干、只想不做的

员工。

我有一个朋友叫左常亮是一个非常优秀的年轻人，他经历过一段难忘的蜕变。那是在他大学刚毕业的时候，通过应聘进入一家叫慧世界文化传播公司工作。在面试的时候，慧世界徐熙恩总经理亲自面试，常亮向徐总展示了自己在学校获得的一系列与工作有关的证书以及学习成绩单，徐总对常亮也非常满意，认为这是一个非常不错的苗子。

可是随着工作的开展，徐总逐渐发现，常亮并没有自己想象中那么能干：虽然常亮能够将各种理论随手拈来，并能够为公司提出一些建议，但是却没有几项能够落实。也就是说，常亮的实际工作能力却不是很理想。但常亮却对此毫无察觉，依旧我行我素，在公司中继续自己“学术派”的工作风格。

一个月后，徐总决定和常亮好好谈谈。在谈话过程中，徐总将自己的意思明确告诉了常亮：“实际工作与学校中不一样，学校是一个讲理论的地方，但是实际工作是需要结果的，如果你的想法还停留在‘想’的阶段，而不能将之付诸实践，那么永远都无法产出结果。虽然你的很多想法和观点都很好，但是如果不能实施，那你的价值也无法实现。”常亮是聪明人，马上就明白了徐总的意思，于是向徐总保证说，如果自己在接下来的一个月内还不能为公司带来效益，自己就主动辞职。

在接下来的一个月里，常亮像是变了一个人，一改自己的书生气，脚踏实地投入到实际工作中，他不仅向公司的老员工请教，而且还将自己的一些想法告诉其他员工，然后一起付诸实施。有坚实的理论做基础，再加上向他人学习、与他人合作，常亮很快成长起来。而且，他的那些想法和观点应用到公司管理中之后，为公司带来了很大的效益。

一个月很快过去了，在时间即将结束时，常亮主动找到徐总，并向他汇报了自己这一个月里的工作，徐总笑着对他说：“你这一个月的表现我早都看在眼里，你进步很快，而且你的工作干劲对团队特别有影响力和感染力。不过也不要骄傲啊，还要继续保持这种干劲，这会是你以后职场竞争的最大资本!”常亮在徐总的帮助和鼓励下现在早已成为一个优秀的团队领导人，包括他所带出来的团队，都是倡导用结果说话用结果捍卫尊严的铁军。

在学校中评判学生的好坏主要看他的成绩，而在企业中判断一个员工的价值，则要看他能够创造多少结果，为企业带来多少效益。因此，作为企业管理者或者是团队的领导者，必须向员工灌输“结果至上”这一理念，并着力培养他们“用结果换报酬”的思想，使他们能够持续执行，不断为企业创造效益，在职场找到生存的资本和尊严。

能创造结果的员工就该得到报酬，当然不是每做一件事都要获得金钱的报酬，这要视公司制度来定，除了物质奖励，精神奖励也是很重要的一种报酬，当员工做得好就要给予肯定、赞美以及鼓励。

2. 在员工行动的过程中习惯为他们呐喊，为他们加油

有些企业家在月初开会，最后就说了一句话：“月底各销售部门拿结果给我看，怎么做是你们的事，月底我只看结果。”于是企业家就像消失了一样，直到月底他出现了，一伸手就只要结果。这种做法是很不负责任的一种表现，至少企业家要在团队行动过程中不断检查进度、要给鼓励、甚至给点成功的参考意见等，而不是做甩手掌柜。

在体育比赛中我们经常能够看到这样的情景：运动员在赛场上全力拼搏，观众们则在看台上为他们大喊加油。观众们的鼓励在精神上给予运动员以支持，而很多运动员也正是因为受到了观众的鼓舞才坚持到了最后。可见，在拼搏的过程中，精神上的鼓励也是必不可少的。同样，在工作中，即使员工们明白“结果至上”这一原则，并且在不断努力实现最终的结果，但是在过程中可能会出现一些情况，而这些“不期然”的情况则可能会导致获取结果的失败。因此，当员工在工作的过程中出现紧急情况时，作为统领大局的企业家，就要想办法消除那些不利因素，鼓励员工继

续向结果进发。

我2012年认识了一位好兄弟谢林虎，他当时是一名刚刚毕业的大学生，但他在短短一年多的时间里就做到了总经理。有一次我在西北师大做演讲时讲到他的成长故事，全场报以热烈的掌声和欢呼声，他已经成了无数大学生奋斗的榜样了。他的成长不仅带动了很多年轻人，他更是他父母、家族的骄傲。

当初他刚进入中国华萃教育公司时，是一名营销人员，负责市场开拓。由于他工作非常踏实敬业，从没有半句抱怨，2013年荣获公司总部优秀员工。很快被老板提拔为公司的总经理。公司王董也很看好谢林虎的潜力，就特意多给他施加一点压力，想对他进行特别培养。谢林虎也了解老板的意图，工作非常努力，对于老板安排的工作都会按时完成。

当然每个人的成长都有一个过程，谁也不是什么神人，作为谢林虎也不例外。在以后工作中，谢林虎出现了一些状况。与各地华萃分公司沟通过程中不断出现一些失误，而老板为了培养谢林虎，就将一次开发任务交给他全权负责。谢林虎开始接手的时候一切都很正常，但是随着工作的开展，沟通工作的难度越来越大，谢林虎的压力也越来越大。在这种巨大的压力下，谢林虎觉得自己快要崩溃了，由于情绪低落，导致工作也无法顺利进行。

其实，在谢林虎工作期间，睿智的老板王董事长也没有闲着，他知道任务重，如果不是想重点培养谢林虎，他就亲自接手了。当他发现谢林虎的工作出了状况，就立刻采取了补救措施。他不仅时常找谢林虎谈话，询问他的工作进度以及在工作中遇到的难题，并尽力帮助谢林虎解决一些困难，还专门在周末请他吃饭，采用各种方式对谢林虎进行鼓励。

果然，老板的做法取得了明显的效果，谢林虎在这些鼓励下坚持了下来，不断地完成任务。在一次总结大会，谢林虎激动地对老板说：“谢谢您王董事长，如果不是您的鼓励，我就无法完成任务，也不能取得进步，这些挫折成了我长大的肥料，这些鼓励让我更加勇敢地面对一切。”

员工们是需要不断鼓励的，尤其是当他们在工作中遇到难题时，企业家的鼓励就显得尤为重要，那些鼓励不仅是表面的一些话，更是内在的、精神上的支持。

沃尔玛百货有限公司是世界上最大的连锁企业，它的营业额曾一度占据世界五百强企业的榜首。作为沃尔玛公司的掌舵人，李斯阁要统领着公司的所有事务，被称为“全球最忙的人”。但即便工作再忙，李斯阁也要抽出时间在工作之余做一件事，那就是每周都要到各零售网点进行“视察”：与店长和员工亲切交谈，听取他们对公司的意见，并鼓励他们工作。

李斯阁的这一做法看似既费时又费力，但是取得的效果还是非常明显的：首先，这种“视察”能够使他更容易掌握公司的运营情况；其次，能够拉近他与普通员工之间的距离，使自己更有亲和力；最后，能够当场对员工做出表扬，以鼓励他们为公司多做贡献。

沃尔玛之所以能够在李斯阁的手中实现腾飞，与他的这一做法有很大关系。这种“鼓励员工”的做法也值得其他企业的企业家们效仿。

无论是对于企业还是对于员工而言，结果都是最重要的，因此我们要重视结果，要形成“结果至上”的理念。但是要想取得结果，执行的过程是必不可少的，因为我们不可能建造“空中楼阁”，因此，在寻求结果的同时，我们还要兼顾执行的过程。因此，无论是作为掌控公司的企业家还是带领团队的领导者，都应该在执行过程中不断鼓励员工，以使他们和自己能够取得想要的结果。

帮助员工成为“效率专家”

《孙子·九地》中有“兵之情主速”一说，也就是我们现在所说的“兵贵神速”，意思是带兵打仗就要行动迅速，那样才能占得先机，打败敌人。

三国时期，袁绍被曹操打败后，他的两个儿子投奔了乌丸族首领蹋顿单于，而蹋顿也借此机会经常骚扰汉朝的边境。一方面需要维护边境的和平，另一方面也要继续讨伐袁绍的残部，于是曹操有心出兵乌丸。但同时，有些官员又担心大军出征后，会有其他地方势力来袭击后方。因此曹操举棋不定。

此时，谋臣郭嘉来为曹操分析形势，他说："首先，乌丸不会想到您要征讨，所以必然不会有所防备；其次，其他地方势力自顾不暇，也不会派兵来袭击我们。另外，兵贵神速，进攻乌丸行军距离远，要想达到出其不意的效果，必须轻装加速前进，只要我们行动迅速，必然能够成功。"

于是，曹操采用郭嘉的计策，军队迅速出击，打到乌丸的时候，蹋顿单于根本就没有做任何防御，而曹操也大获全胜。

行军打仗贵在速度，企业发展同样也需要速度保证，尤其是当今市场竞争如此激烈，稍微拖延就有可能被竞争对手超越，被市场淘汰。

甲乙两个公司是竞争对手，双方实力相当，竞争多年一直没有分出高下。最近，为了迎合市场和消费者的需求，两个公司同时研发一种新产品，哪个公司研发出来的早，就能够率先抢占市场。

为了打败竞争对手，双方都为此研发投入了大量的资金和人力，希望能够通过新产品彻底战胜对方。虽然同时启动了新方案，但是甲公司的人才战略要略胜一筹，因此他们比乙公司早几天研发出了新产品。随后，甲公司加大宣传力度，首先使产品走向了市场。

果然，甲公司新产品刚上市，就吸引了大量的新老顾客，甚至将乙公司的老客户都拉了过来。甲公司凭借新产品的优势，一举占领了最大的市场份额，将乙公司远远抛在了后面。

只是短短的几天，却决定了两个公司不同的命运。从这里我们能够看出，商场如战场，谁的速度更快、工作效率更高，谁就能占领市场优势。那么该如何提高团队或企业的效率呢？我们知道，企业或者团队是由所有员工组成的，如果只有一个人或几个人工作效率高是无法起决定性作用的；而且任何一个员工“拖后腿”，都会导致整个团队的效率受到限制，这就是“木桶原理”——木桶的储水量决定于最短的那块板。因此，只有将整个团队的效率提升上去，才能够实现最终目标。

为了帮助员工们成为“效率专家”，从而提升整个团队的工作效率，企业家们可以从下面几点做起。

1. 绝不轻易给答案，帮助员工学会“自助”

绝不轻易给答案让员工会思考才能成长，不给答案他就成长，你给答案他脑袋就废了。所以老板要学会引导员工去主动思考。

很多公司文员都这样，老板告诉文员起草个合同，于是文员啪啪啪飞快打完后急着下班，就拿给老板说：“王总这是我起草的合同你看看，我尽力想了，可能还有缺点，你看看吧，没事我先回了。”老板就这样接过来，老板还习惯性地拿支笔，拿笔随时准备修改，就这样的惯性导致很多老板成功的沦为秘书的助理。就这样老板能力越练越好，员工能力就原地踏步。结果就是老板成了公司最忙、最能的人，这样的老板剥夺了员工的成长。

我们看大多数发展不好的公司，是老板忙，还是员工忙？发展好的公司都是老板不太忙，而全体员工比较忙，发展不好的公司，都是老板忙得要命。

以后如果发现老板忙，其他人不太忙，你就知道完了，这个公司大势已去了。

教导孩子也是同样道理，一次我春节回家，我小侄女在学写字，写了一会她就满脸疑惑，肯定碰到不认识的字了，我没有直接告诉她，我说：“管霄云啊你一直是大大的骄傲啊，也是弟弟管一凡的学习榜样呢，我知道你比别人优秀的地方就是你查字典速度特别快。”她拿字典查一查，她一查字典不仅体验了自己解决问题的能力，还把那一页意思全搞清楚了，不是顺便学会更多吗？所以有时候告诉孩子答案，就等于剥夺了她这次学习的机会。

老板告诉员工答案，告诉员工方案，员工就不思考，时间长了什么事都依赖老板，什么事都问老板，没老板就做不了决定，最关键的是他不会思考了，所以就没进步了。

“自助”的含义就是自己帮助自己解决问题。

试想，同一件事情，在甲公司需要两个员工互相配合才能完成，而在乙公司，只要一个员工就能完成。毫无疑问，肯定是乙公司的员工做事更有效率。很多时候，当员工们在工作中遇到问题时，本来是可以想办法一个人完成的，但是却要向其他员工求助，这样就会让一件事牵绊住两名员工或者更多人。

因此，企业家们要懂得让员工们学会“自助”，要培养他们这种“自己的事情自己做”的工作意识，这样才能提高员工的工作效率。

企业能否在商场上出其不意地打败竞争对手，关键取决于员工的工作效率。因此，企业家们要帮助每一位员工，使他们成为“效率专家”，更快、更好地完成工作，为企业带来效益。

2. 让员工们分清工作的轻重缓急

事情有轻重缓急之分，工作更是如此，分清了主次，就能够更好、更快、更高效地完成工作。

通常来说，我们可以将事情分为四类：紧急且重要的、紧急但不重要的、重要但不紧急的、既不重要也不紧急的。

紧急且重要的事：立刻做；紧急但不重要的事：稍后做；重要但不紧急的事：合作做；既不重要也不紧急的事：可以不做。做事情要按照次序来，才能够有效率地完成工作，否则就可能耽误事情，为公司带来不必要的损失。

小张刚参加工作不久，是某公司的经理助理。最近，他手头上有几件事情需要完成：为经理整理一份第二天开会时要用到的资料、在未来的几天内抽时间安排经理和一位重要的客户进行商务洽谈、统计公司一年来发生的大事件。

对于第一件事，由于经理特意嘱咐过，所以小张在前一天加班到深夜终于为经理准备好了材料。但是由于前一天加班太晚，小张得病了，不得不请假一天。等再上班的时候，小张开始统计公司的大事件，将安排经理与客户见面的事情忘得一干二净。

过了一段时间，由于公司经理没有与该客户及时洽谈，因此对方没有继续下订单，而公司生产的产品依旧堆放在仓库里，导致很多产品不得不进行翻修，为公司带来了很大损失。小张也因此受到了处分，并被扣了半个月薪水。

从例子中我们能够看出，由于小张的疏忽，导致在工作中出现失误，不仅使自己蒙受了损失，还给公司带来了损失。如果小张能够做一个日程安排，将所有的工作进行划分，并不断提醒自己，也不会出现这种失误。有些员工由于经验不足，常常分不清事情的主次，这就需要企业家们对他们进行培训，告诉他们一些工作中的经验，使他们能够明白先做什么工作，后做什么工作。因此，这一点需要老板和员工共同努力，从经验中吸取教训，将工作更有效率地完成。

3. 鼓励员工使用任何可以利用的资源

“君子性非异也，善假于物也”，很多事情也许依靠我们本身并不能解决，或者是即使能够解决也需要花费很长时间，但是如果我们能够借助其他资源，可能就会很快将事情办完。就像坐车出行要比用脚走路快一样，如果有可以利用的资源，企业家们应该鼓励员工去利用这些资源来帮助自己完成工作，以达到事半功倍的效果。

柳满华是某保险公司的业务骨干，跟进了一个大客户，但是谈了很久都没有谈下来。最近，柳满华发现该客户心情不太好，总是愁眉苦脸的。柳满华通过打探消息了解到，那位客户的孩子由于一次意外的交通事故住进了医院，而且伤得很严重，需要住院一段时间。而这位客户非常重视亲情，因为孩子的事情心情一直很不好。柳满华知道再约客户谈保险的事情可能会引起他的反感，于是就决定利用对方很重视亲情这种“资源”进行攻坚战。

柳满华专门买了一些小孩子的玩具和零食去医院看望。接待他的是那位客户的妻子，柳满华声称是客户的朋友，专程过来看望孩子。通过闲聊，柳满华逐渐切入主题，向客户的妻子谈起了买保险的各种好处，并对她说，如果给孩子买了保险，类似于这种意外事故，保险公司能够全额赔付。而客户的妻子也逐渐被柳满华的话打动了，再加上看到他亲自来看望孩子，对他就更加信任了。

果然，没过几天，那位客户就主动约了柳满华找他谈保险的事情，并为全家人都买了保险。

无论是可见的资源（如设备、财物等），还是不可见的资源（如人际关系、情感等），只要能够对我们的工作有帮助，而且不违反道德和法律，我们就要对其充分利用，以更快、更好地完成工作，提升我们的工作效率。很多员工可能不知道，或者是不了解该如何利用外部的资源，因此，作为企业家要鼓励员工利用这些资源，帮助他们成为“善假于物”的效率专家。

4. 称赞员工做过的有效率的事情

我们从小就被教导要“脚踏实地”，不要“走捷径”，实际上，在工作中很多工作要想更快、更好地完成，就需要我们走“捷径”。

如果不是为了提高生产效率，流水线生产的模式就不可能在现代工业中普及，我们现在可能还要纠结于最初缓慢的装配工作中；如果不是为了提高生产效率，机械化也就不会发展得如此迅速，而我们现在可能还需要继续进行手工操作；如果不是为了提高生产效率，信息化也不会这么快实现，我们又怎么能够通过一封电子邮件、一次视频会议解决工作中的难题？正是这种“想走捷径”的心理，使我们的生活和工作变得越来越便捷、越来越有效率。

然而，很多员工在走过一次“捷径”后，生怕企业家发现自己“偷懒”而受到企业家的责罚，事实上，很多企业家也确实会这样做。因此，当员工在用这种“简便方法”做事情的时候可能就会想：这样做企业家会不会发现？他会不会不高兴？会不会责罚我？当他们这样想的时候，很可能就会放弃那种能够提高工作效率的做法，而继续使用原来已有的老办法，而这势必会导致工作进度的拖延。

因此，当企业家们发现员工用一种新的方法做了更有效率的事情时，一定要对他们进行表扬，如果有可能，还要大力推广这种做法，那样一定会帮助公司的员工更有效率地完成他们的工作。

5. 发现员工的优势，让他们做自己擅长的事

我们都知道，人们在做自己擅长的事情或者是感兴趣的事情时，会做得又快又好。相反，如果对工作不感兴趣或者是不擅长做，那么工作效率肯定会大打折扣。因此，为了培养员工的工作效率，团队领导者应该发掘员工的优势，为他们分配擅长做的工作。

某房产网站有论坛编辑、新闻等部门，负责为开发商做广告。贾玲在该公司应聘的部门是新闻组，因为当时该公司只招新闻组的员工。由于新闻组的员工有时需要外出对开发商进行采访，而贾玲是一个喜欢安静的女孩，对这种外出采访的工作提不起任何兴趣，因此，在工作中，当贾玲需要出去采访时，她的工作状态就很低落，工作效率也很低，甚至多次在采访中和开发商出现冷场的尴尬情况。但是在公司写新闻、发帖、与网友上网交谈时，贾玲一直都很积极，工作得非常出色。

经过一段时间的观察，公司老板认为贾玲并不适合做新闻，论坛组的工作倒是跟她很对口。于是，企业家就找贾玲谈话，希望将她调到论坛组。贾玲起初还有些犹豫，毕竟在新闻组工作了半年，这里的工作还熟悉点，而对论坛组的工作则一无所知。但是考虑到自己确实不适合做新闻，于是贾玲就抱着试一试的想法同意了企业家的安排。

到了论坛组工作后，贾玲觉得自己真是来对了地方。原来，论坛组的工作与新闻组不同，在这里不需要出去采访，只是在网上发帖、

做专题，或者是在网上解答网友提出的问题，有时则需要策划一些线下活动，但是也不用外出。由于做的都是自己感兴趣的工作，所以贾玲在论坛组工作得顺风顺水，工作效率也得到了极大的提高。

“让员工做擅长的工作”这句话看似简单，但是却不太容易做到，因为这不仅需要企业家们对自己的员工非常熟悉，还要对他们的工作状态有所了解。因此，企业家们要对自己的员工多一些关注，以发现他们的特长，为他们安排合适的工作，从而提升员工个人的工作效率，为企业带来更多利益。

第五章

只有触摸到团队的核心，才能成就大业

让员工明白自己到底在给谁干

从历史中我们能够看到，任何一个帝王在创建自己的王朝时都会有很多得力干将的大力支持：秦始皇统一中国时，文有李斯、尉缭，武有王翦、蒙氏兄弟的支持；刘邦开创汉朝时有“汉初三杰”——韩信、张良、萧何的支持；唐太宗李世民开创大唐盛世的时候有凌烟阁里供奉的多达二十四位功臣的辅佐；朱元璋建立明朝时也有徐达、常遇春、汤和、刘基等人的辅佐……这些功臣们为什么能够聚集在那些帝王的身边，并心甘情愿地追随他们？我想，这不仅是因为各位帝王个人魅力的原因，还与他们的管理方法有关系，因为他们懂得利用恰当的时机对部下进行“犒赏”，懂得向他们“分权”。这也是为什么历史上曾出现过那么多盖世英雄，但是就只有这些人成功了。

企业要想生存、发展，就必须让员工行动起来，这样的企业才能充满生机。而现在很多企业家都面临这样一个难题：不知道该如何激发员工的工作激情。也许，他们该向那些帝王学习如何对员工进行管理。

为什么有的企业家干了一辈子，但最后还是小打小闹，而有的企业家只用十几年甚至几年就能做大、做强？原因在于那些大企业家让员工们弄懂了“我们都在给谁干”这个问题，从而激发了他们的工作斗志。

聚成集团合肥总经理于建平先生是我非常尊敬的教导型企业家，有二十多年教化员工的经历，他曾用三句话将人生分为三个境界，即“昨夜西风凋碧树。独上高楼，望尽天涯路”“衣带渐宽终不悔，为伊消得人憔悴”“众里寻他千百度，蓦然回首，那人却在，灯火阑珊处”，分别对应“悬思”“探索”与“顿悟”。在企业家管理论坛上，于总将企业家们的管理能力分为三个境界，即“员工认为在给老板干”“员工认为在给自己干”“员工认为自己在和老板一起干”。

管理的第一重境界：员工认为在给老板干。通常来说，任何一个企业家都能做到这一重境界，因为在企业家与员工之间存在的雇佣关系决定了员工的这种想法。因此，即使企业家们什么也不做，这种管理境界也还是存在的。但是，由于这种管理境界是由最基本的雇佣关系决定的，所以员工在工作期间难免会偷懒：反正是给企业家干，多干少干都是企业家挣钱，我为什么不轻松点？因此，当企业家使员工认为他们在给企业家打工时，那么他的员工就会消极地应对工作。无可否认，这种员工是没有前途的。

管理的第二重境界：员工认为在给自己干。能够参悟这一重管理境界的企业家已经具备一定的管理水平了，他们能够将与员工之间简单的“雇佣关系”淡化，使员工看不到这种关系的束缚，从而认为工作是为自己负责，是在给自己干。当企业家以这种方式对员工进行管理时，员工们会有一定的工作积极性，因为他们要对自己负责。但同时我们又不得不面临另一个问题，那就是由于员工认为工作只是对自己负责，因此他们不会承担更多责任，所以在工作中即使有一定积极性，但是却又不会全力以赴。

管理的第三重境界：员工认为自己在和老板一起干。管理的最高境界就是“大家全部参与进来”。《水浒传》大家都看过，为什么梁山泊的那么多好汉能够团结一致，共同对外？因为梁山泊是他们共同的“家”，是他们赖以生存的地方，为了保护这个“家”，他们必须共同承担起责任。同样，如果在企业中，员工们也认为企业需要大家共同努力才能够生存、发展，他们就会主动参与到工作中，既不是只给企业家干，也不光是给自己干，而是大家一起干。这样一来，员工们就会主动承担起更多责任，更积极地执行自己的工作。

下面这个故事非常关键，作为老板如果讲不清楚，你的员工做事永远是糊涂的；只要能给员工讲清楚了，员工就会立刻明白怎么回事，该怎么去干。

从前，有一个卖水果的摊子，老板因为年岁大了，无法久站招呼客人，于是就贴条子征店员。

过了几天，来了一个年轻男子，问老板一个月要用多少钱请他来帮忙，老板笑着说：我们这小摊子生意，哪里付得出月薪，当然是看你的努力，一天能卖多少水果，收到的钱就给你十分之一，每天领现。

年轻人听了，上下打量眼前这个破旧摊子，就臭着脸说不行，这太没保障了，说完掉头就走。

过了几天，又来了一位小伙子，问老板薪水怎么算，老板又把领日薪的话说了一遍，这位小伙子听了也想了一下，又问：日领月领都没有关系，重要的是这水果摊一个月收入大概多少啊？老板说水果有分季节，生意也有淡旺季，好的话可收五万元，不好的话可能只有一万元。小伙子听了破口大骂，说这种生意做一辈子也得不到荣华富贵，只有笨蛋才会来卖水果。同样的，说完就走了。又过了几天，又来了一位小男孩，问老板薪水怎么算，老板同样是说领日薪。小男孩听了就笑了笑，对老板说，可不可以在节日和周末时，把日薪的抽成比例调高，领当日收入的十分之二，如果当天收入超过一万元，就领十分之三，如何？老板哈哈大笑摸着小男孩的头说：你真聪明，还知道节日和周末的生意比较好，就按照你所说的去做吧！不过，就算是节日或周末，营业收入要超过一万元，可不容易啊！就这样，小男孩开始用清水把水果都洗一遍，然后每天不停地变换水果的位置，节日或周末时，就贴出几张海报，写着消费满一千元就送一百元的水果，任凭顾客挑选。想不到第一个月，小男孩就领到了三万元以上的薪水，等于平均日薪一千元以上。

水果摊老板虽然付出了不少薪水给小男孩，但他也乐得每天坐在摇椅上，看小男孩跑进跑出的，为他赚进比以前更多的钞票。几年后，小男孩赚了不少钱，就把老板的水果摊买下来，经过他的巧思，设计出更多促销方案，生意比以前更好，利润当然也更高，于是他立刻开了第二家店，过了几个月又开第三家店，等到小男孩长大成人时，他已经成为亿万富翁，不到三十岁就拥有了荣华富贵。

根据调查，全世界的上班族，有70%以上，都不满意老板给的薪水，即使知道老板的生意下滑，收入减少，这些人仍然主张老板要付更多的薪水。很显然的，这百分之七十的人，就是第一个来应征水果店的年轻人。他们要的只是一份保障，不管他们是否全力去工作，或者他们的上班是否真的帮到老板，他们就是要老板给自己一个稳定且不能打折扣的死薪水。此外，我们相信，在这百分之七十的上班族中，也有不少是第二个来水果店找工作的小伙子，这类的上班族，都以为天底下的老板，一生下来口袋里就塞着一堆荣华富贵，住豪宅、开好车、吃美食，如果老板不多分点好处给他，就是小气悭吝，或心胸狭隘的守财奴，因此，只要工作一段时间，发现老板不是很大方，或者感觉自己从事的产业没有发展前景，就立刻跳船走人，结果就是不停换工作，然后，不停地在新老板面前咒骂旧老板的小气和不是，直到老迈，还是找不到荣华富贵。

天底下没有一个老板会送你荣华富贵，老板能给你的只有"机会"，你只有掌握手上的"机会"，为老板增加收入，为公司赚到更多利润，你才能反过来借用公司和老板的资源，让自己的船因公司的水涨而跟着高升。不管你是卖水果或卖计算机，是做热门或冷门产业，只要你能想通这个道理，你就能像小男孩一样，从老板手中接下更多的荣华富贵。

作为员工，听完这个故事你该明白如何去干了吧！

但作为企业家既然明确管理的第三重境界能够让员工更积极、主动地参与到工作当中，那么企业家具体该如何做才能配合达到这种管理境界呢？我们可以参考下面两点。

1. 财散人聚，财聚人散

金钱是什么？金钱其实就是一种能够使我们达到某种目标的工具。别嫌这话俗气，对于公司的老板来说，要想让员工们感到是在和自己一起干，就必须学会分享，因此首先就要学会用金钱来降服员工。假如你吃饱了却让员工饿着肚子；你买了别墅却让员工住宿舍；你开着豪车却让员工骑自行车，这样的老板怎么能够得到员工的支持？当员工的思想与你的思想背离时，你们就不可能站在同一条战线上。那些连一点财物都舍不得分给员工的老板，就别想要员工认为是在和你一起干。

说直接一点，如何用金钱降服员工却又不会让他们感到你明显的意图呢？可以采用两种方法。

（1）把钱给出去

“给钱”这个方法简单易行，还能够取得很好的效果。当你的公司发展势头很好，你又赚了不少钱时，就要想着员工，也要让他们尝到甜头，否则，他们就会认为一切都在给你干，只是在给你做嫁衣，那么他们的工作积极性肯定会受到一些影响。如果你能够将公司赚得的利益分给员工，就会使他们觉得大家是在一起干，你费心，我出力，大家“有福同享，有难同当”。如此一来，企业家拉拢员工的计划实施成功，而员工也从中取得好处，接下来的工作自然就会越做越好。

袁鹏娟是三为盛世张掖分公司的部门负责人，前段时间她遇到了一件头疼事。原来，公司这几年发展得很好，但是员工们的工资却一直没涨过，对此，有些老员工颇有怨言，工作积极性不高，在生产中经常出现怠工的现象。

为了提高员工们的工作积极性，避免这种现象继续存在下去，袁鹏娟向公司成总提出了为业务部门的员工加薪的申请，并向成总详细阐述了自己的想法。其实，成总也注意到了这种情况，不仅业务部门，公司的其他部门也存在这种员工怠工的现象。在听取了袁鹏娟的报告后，成总认为这个做法很好。于是，公司不仅对所有员工的工资有所调整，更重要的是实施了一种创新的积分制管理办法，这里面又为肯干事的员工设立了额外的更多奖励，极大地提高了全员的积极主动性。

没超过一个月，公司出现一派欣欣向荣的景象，主动做事、主动操心的人越来越多，更重要的是管理成本直线下降。

（2）把员工变成主人

当民间存在一股足以威胁朝廷的力量时，帝王们多会采取两种手段：

要么招安，让他们归顺朝廷，用和平手段解决威胁，你好我好大家好；要么动用武力将其消灭掉，使它永远不能再对朝廷构成威胁。

而在企业中，当一名员工的工作能力超越了其他所有人，甚至包括企业家时，企业家们只有两条路可走：要么选择“招安”，收归到自己帐下，成为自己的左膀右臂，与自己共进退；要么让他离开公司，因为他已经对自己的工作构成威胁，长此以往，很可能会“篡班夺权”。当然，最好是能够“招安”，因为这不仅能够和平解决问题，而且还不会对公司未来的发展构成弊端，要知道，一名优秀的员工离开会对公司造成很大损失。那么该采取何种既安全又可靠的“招安”方式呢？答案就是拉他入股。

所谓的“入股”，就是让员工也持有公司的股份，能够拿到公司的利益分红。当然，为了将员工牢牢地留在公司中，必须要求他们在入股的时候先拿出一部分资金作为股金，而且当员工无故退股或者是为公司贡献不足时，有相应的制度对他们进行处罚。这样一来，员工也就彻底融入了公司，真正成为公司的一分子，而他在以后的工作中就只会全心全意为公司的利益着想，因为这也关系到他的切身利益。

此外，老板们除了要将个别能力十分突出的员工留住的同时，还应该有计划地将其他员工也逐渐拉到“组织”中来，以保证他们每个人都会心甘情愿地为公司付出，共同实现企业的发展。

2. 员工有难一起扛，公司有难大家扛

除了使用金钱这种最直接的方法外，我们还应该对员工付出真心，用真心换人心，不能让心受委屈了，通过感情的纽带使双方之间的关系更加牢固。

> 四川华萃教育的副总经理铃铛对员工就是用心对待，她经常给一些外地的员工亲自做饭，生病了亲自煮汤。还主动帮助员工解决一些业务中的难题。比如，当某位员工和客户沟通出现僵局，她会亲自协助解决，对踏踏实实干事的人绝不会置之不理。还会给予该员工额外的关注，比如帮助团队中优秀的宋斌和李佳渡过感情的难关，撮合美

满的姻缘等。最能打动人心的就是她能和员工有难一起扛。

员工家里遇到难事，公司要舍得一起扛，决不能让员工的心受半点委屈。试想如果领导家出了事，员工都会全力以赴协助。那么如果员工家里出了事，又该怎么做呢？不管采取怎样的帮助方式，总之置之不理是很不得人心的事。如果员工自己一个人孤独地扛过去了，当他再次回到公司，作为领导你怎么面对他疲惫的眼神？

天华集团董事长刘小华就是一个非常体贴下属的领导，在他企业的核心骨干，有好多都跟随他15年以上了。有一次他集团的一位员工的家属紧急手术，但是巨额的费用令他倍感压力。在手术之后，他带着借来的钱去交相关费用时，医院的工作人员告诉他已经有人帮他交过医药费了。在惊诧之余，这位员工首先就想到了自己公司的领导。于是，他立刻赶到公司向领导询问。领导在听到他说手术很成功之后，先向他表示了祝贺，但是对他所说的医药费的问题却说不知道。这位员工又接着向公司其他员工询问，但是大家都说不知道。

原来，当公司的领导知道那位员工家里的情况后，就在公司的领导层发起了一次募捐活动，将筹集到的捐款为那位员工垫付了医药费，而且为了不让员工有心理负担，公司领导层商议好对此事守口如瓶。尽管领导们没有承认，但是这位员工知道，一定是他们帮助自己渡过了难关，因此对公司一直很感激。类似的事情还发生过很多，都是公司的领导在不断帮助员工。

其实像这样的事，在天华集团非常普遍，还有很多事董事长刘小华都是亲自出马，有时很多事做完了，压根都没人知道。

对于公司领导的这种感情，员工们也以更努力的工作来回报公司。

有一次，由于受到市场的影响，我一个北京客户的公司资金周转不开，几乎濒临绝境。此时，如果继续按时给员工发工资，那么公司就必须放弃一单大生意，而这单生意能够令公司起死回生。但是作为老板的李总导陷入了两难的境地，因为他从来没有拖欠过员工的工资。

谁知，在团队骨干和领导层知道这件事后，他们主动请求公司晚半个月再发工资，以帮助公司度过这次危机。在这半个月内，所有成员不仅没有因为没发工资而出现怠工的现象，反而因为希望帮助公司渡过难关而更加努力的工作。终于，在大家的共同努力下，公司终于又运转正常。

人心都是肉长的，谁对自己好，自己心里都清楚。如果企业家能够对员工付出真心，也一定能够得到员工真心的回报。

管理的实质就是带人，就是带人心，如果老板们能够将员工的心凝聚到一起，让他们明白工作不是给老板干的，也不是给自己干的，而是大家一起工作，那么就会使他们更富有责任感，更愿意为公司的发展付出自己的努力，也更有执行力。只有这样，公司才能够永葆生机，长盛不衰。

带队伍的玄机——三多三少

对于企业这个整体的团队而言，企业家就是这个团队的“领头羊”——负责带领员工实现企业的发展、帮助员工实现他们的梦想，同时还要实现自己的发展。虽然从表面来看，企业中所有员工都要听企业家的吩咐做事，但是一个企业家能够真正让员工心服口服地遵从自己的意愿、有效地实施自己制定好的发展战略、切实地带好团队并不容易，这里面大有玄机。

有些企业家希望通过树立在员工当中的威严来使员工们对自己敬服，从而能够让他们无条件地服从自己的命令，因此，他们总想将自己塑造成企业中的“帝王”，当他们在面对员工时，总是板着面孔，摆出一副“生人勿近”的表情。即使员工们的工作做得很好，但为了表示自己是一个有威严、有更高追求的人，这些企业家也不会对员工进行表扬，十分吝啬自己的赞美之词。而一旦员工们在工作中稍微犯了一点错误，企业家们就会对他们横加指责，好像他们做了天大的错事一样。对于这样的企业家来说，员工们虽然在他面前表现得唯唯诺诺，十分恭敬，但是在背地里却多有微词。显然，在这种表面风平浪静，背后暗潮涌动的企业中，企业家和员工并非团结一心，很多工作也就难以做到位。

还有一些企业家，虽然也能够在员工为公司做了贡献之后对他们进行表扬、在员工犯了错误之后对他们进行包容，但是在做这些事情的时候，他们却很少讲究方式和方法，缺乏管理行为的“艺术性”。因此，他们往往出力不讨好，无法顺利带领团队完成企业发展的既定目标。

像刘备一样特别欣赏某些地方比他强的武将，并非常地肯定下属的才能，从不嫉妒，从不和下属争功，时常把下属的优点当作他自己骄傲的资本，这样的领袖谁还舍得离开呢？人才不怕苦就怕没人懂他，士为知己者死，就是这个道理。刘备了解英雄了解的如此细微，难怪手下战将如云，天下英雄都为他所用，所以对刘备而言具备能力不如了解人性更重要。

刘备经常讲三句话，这三句话让五虎上将和诸葛丞相舍命相随，这三句话立刻能和下属拉近心的距离：

第一句，你说得太有道理了。

第二句，这么好的办法我怎么就没有想到？

第三句，你是怎么想到的？

刘备关键时刻就是用这三句话，降伏了无数悍将为蜀国所用。

而楚霸王项羽个人能力很强，从不服输于任何人，包括自己手下战将，甚至关键时刻和战将争功，更别说会欣赏英雄，结果像陈平和韩信这样的英雄都流失到别处去了。历史证明留不住的人才大多会变成你的竞争对手。

老板们之所以会在带领团队的过程中出现各种问题，原因就在于他们没有窥破里面的“玄机”。

陶行知先生是我国著名的教育家，他主张“教学做合一”，将三者有机地结合到一起，在教育界开创了一派新风。除了在教书育人方面有重大贡献之外，陶行知先生对学生的管理方法也非常值得我们学习。

陶行知时任一所小学的校长，在课间经过校园时，他发现有一位学生拿小石块投自己的同学，于是赶忙制止该同学，并让他放学后到自己的办公室。

放学后，当陶行知回到自己的办公室，发现那位同学已经等在门口了。陶行知微笑着让学生到办公室里面谈话，学生以为校长要责罚自己，因此非常不安。但是出乎他的意料，校长并没有大骂他，反而掏出一块糖给他吃。面对学生错愕的表情，陶行知微笑着说："这块糖是奖励你诚信守时的，因为你准时来到了我的办公室，而我却迟到了。"

当学生依旧处于不安时，陶行知又掏出一块糖递给他，并解释说："这块糖也是奖励你的，奖励你的知错就改，因为当我制止你扔石块时，你马上就停手了。"从陶行知手中接过糖，那位学生的表情已经由原来的不安逐渐变成了感动。

然而，陶行知又掏出第三块糖递给他，并对他说："这块糖还是奖励你的，奖励你的勇敢和正直。我已经调查过了，你之所以用小石块投同学，是因为他不遵守游戏规则，还欺负女同学，你这么做正说明了你的勇敢和善良。"

听到校长这一番没有任何责备言辞的教导，学生感动极了，他流着泪对陶行知说："校长，我知道错了，再怎么说，他也是我的同学啊！"

从故事中能够看出，陶行知在对犯错的学生进行教导时，并没有采取任何形式的责罚，甚至没有说一句责骂的话，而是通过表扬的方式让学生主动承认了错误。毫无疑问，这种做法是非常有效的，因为这位学生在内心是认为自己并没有过错的，如果陶行知不问缘由就对其进行责骂，只会让学生更加反感。但是陶行知那些表扬的话却会让学生从内心反思自己的做法错在哪里，从而达到教育的目的。

我特别欣赏我的姑父鲁志林，虽然是一个普普通通的农民，但他的思维就不一样，我的很多自信的来源就跟他有关系。

记得小时候姑父和别的亲戚到家里来了，桌上有刚摘来的苹果，我当时口渴就直接去拿苹果，准备要自己吃，结果妈妈就准备狠狠批评我，刚一张嘴没想到就被姑父立刻把话接过去了，他说："你是不是想挑个好看点的给叔叔、阿姨吃啊？"我说："是啊，就这个最甜了。"

姑父还说："这个老大就是懂事，真不错。"

那次我很有面子，虽然妈妈拿眼睛瞪我，但我从心里很感谢姑父。

有一次他还当着很多人的面说："这孩子长大，是我们水车湾最有出息的人。"这事过去二十多年了，他可能早都忘了，但我小小的内心却获得了多么大的动力啊。那么按今天的话说姑父这种思维其实就是他潜意识中的情景式教育引导。

对孩子教育是这种思维，企业家教导员工也是这种思维，对员工少指责、少抱怨、少批评。这就是企业家带领团队的"三多三少"原则，参透了这一"玄机"，在带团队的过程中就能够更加得心应手。

1. "三多"——多鼓励、多表扬、多欣赏

国外某家权威管理机构经过调查发现，如果企业家能够更多地对员工所做的工作进行赞扬、给予认可，就会极大地提升他们的工作动力，使他们能够更加积极、更加主动地投入到工作当中，同时还能够提升员工们对企业的忠诚度。当然，无论是表扬、鼓励，还是对员工们表现出欣赏，都不能是随随便便的，而应该讲究方式、方法，那样才能够取得更为显著的效果。

比如，表扬员工要"趁热打铁"，最好当着全员的面，也就是当领导者发现员工工作做得好的时候，马上当面就给予表扬，这样更能提高员工的工作热情，使他们更努力地投入到工作当中。如果等到事情发生很长一段时间后才对员工做出表扬，员工们的激情早就已经烟消云散，即使对他们进行了表扬，他们也会觉得乏味，并很快忘掉。

另外，在对员工进行表扬时，要让员工明白为什么对他们进行表扬，而不是说企业家表扬完了，员工们还云里雾里不知所以，那样也无法起到

激励的作用。也许是他们的某项工作做得好、也许是他们的某种行为值得表扬、也许是他们为公司增添了激情和活力……总之，在表扬员工时，要让他们知道原因，那样他们才会记住这样做是好的、是正确的，以后才会做更多这样的事情。

同时，企业家们在对员工进行表扬时，要注意投入感情，而不是冷冰冰地板着面孔，否则，尽管你在表扬员工，他们却可能会误以为自己做错了事情。比如，我们可以大声说出来“好样的”“做得不错”等话，并在表扬员工的时候拍拍他们的肩膀和他们亲切握手等，这些都能够加深员工的印象，使他们记住那些表扬，并向更好的方向发展。

因此，当员工们在工作中表现很好时，领导者一定不要吝啬自己的语言，要做到“三多”，对他们多鼓励、多表扬、多欣赏。

2. “三少”——少指责、少抱怨、少批评

人非圣贤，谁都有做错事的时候，所以，当员工们做错事情的时候，作为企业家，不应该对他们横加指责，而要学会包容，并想办法帮助解决问题。

批评员工一定不能当着所有人的面进行批评，这种现象就不是针对事情那么简单了。要关起门来让他知道你的厉害，临走还别忘了拍着他的肩膀最后说一句话：“兄弟，我其实也知道你是一个非常注重尊严的人，所以我不可能当所有人面批评你，今天关起门来批评你是因为我还在乎你的成长、你的未来，如果我不在乎了，我就懒得理你了。虽然我批评了你，但我相信只有做事的人才可能把事情做错，而不做事的人连犯错的机会都没有。我更相信我的眼光，你下次一定会把事干的更漂亮的。”

如果顺便把自己桌上成长类的书籍送他一本，我相信这个员工离开你办公室的一刻绝不是感觉倒霉、感觉失落，而是有十足的动力和干劲。老板批评人一定要学会这个思维，绝不是泄气，绝不是让员工长长记性给点教训那么简单。否则这个老板未来将无人可用，哪怕天下满大街都是找工作的人。

有位哲人曾说过这样的话：“指责和抱怨只会让事情越来越糟糕。”在

工作中，我们要相信任何一个做错事情的员工都不是故意的，而且当他们做错事情之后也会非常懊恼，并在想办法进行补救。如果领导者发现员工做错了事情就不分缘由地对他们进行严厉的批评与指责，只会让他们感到更加消极、更加惶恐，他们的心思也将会从改正错误转移到企业家的批评和指责上来，这对于解决事情不仅没有任何帮助，反而会乱上加乱。相反，如果领导者发现员工们做错了事情时，不是对他们抱怨、指责，而是对他们进行包容，并积极地帮助员工寻找解决问题的方法，这样会使员工在感动之余，更加努力地解决困难，以报答领导者的“知遇之恩”。

作为团队的组成部分，员工在工作中遇到的困难，也是企业团队遇到的困难。因此，当领导者发现员工在工作中出现错误时，先不要急着对他们进行批评、指责，而应该怀着一颗包容的心做到“三少”——对他们少指责、少抱怨、少批评，并想办法帮助他们解决遇到的困难。

有人说，“表扬员工”是一件最划算的事情，因为它能够以最小的代价换回最丰厚的回报，而且还不用费脑子，只要大声说出来就行。而企业领导者带队伍的玄机也正在于此，只要我们能够悟透这玄机，对员工多表扬少批评、多鼓励少抱怨、多欣赏少指责，就能够带好团队，让员工们团结在我们的周围，为企业的发展共同努力！

引导员工拥有五虎上将之心

说到三国大家最先想到的是谁呢？我想许多人首先脱口而出的一定是关羽、张飞、赵云等“五虎上将”，那为什么不先想到他们的企业家刘备呢？可见人们更能记住的是你是否能最先进入人心占据首要位置，并不在乎你是不是企业家？是不是皇帝？

蜀国“五虎上将”凭借自己的战斗力使敌人闻风丧胆，为蜀国的建立和稳定立下了汗马功劳。同时，他们的忠诚和功绩也被世人传颂。因此，对于每个帝王而言，都希望身边能够拥有这样一批智勇双全、忠心不二的臣子。同样，企业要想在竞争激烈的市场中存活下来，并取得永久的发展，企业家们也需要拥有五虎上将之心的员工。

1. 引导员工拥有五虎上将的忠诚之心

我在课堂上经常讲：“有些员工白天还在公司上班，私下却说公司的不好，私下骂老板，这样的人等于出卖自己的灵魂。”因为在你骂公司的同时，你等于侮辱了自己的选择，侮辱了自己的眼光，甚至侮辱了自己投入到公司的每一天的生命。

赵云对刘备可谓是忠心耿耿。《三国演义》中，在当阳长坂坡，刘备被曹操几万大军追得落荒而逃，甚至连妻儿都顾不得了。此时，为了给主人保留血脉，赵云不顾危险，独自一人杀向敌军寻找刘备的家人，最终将阿斗安全抱回，赵云也在当阳一战中尽显威风，一战成名。此后，东吴国君孙权想将妹妹骗回吴国，作为人质威胁刘备。孙尚香不知是计，就带着阿斗坐船回东吴。听到消息的赵云在江上截下阿斗并杀退吴兵，破坏了孙权的企图。赵云在此战中又一次表现了自己的忠心，还留下“赵云截江夺阿斗”的典故。

故事也许是虚构的，但是我们能够从侧面看出赵云对刘备的忠心，也正是属下的这种忠心，保证了刘备能够完成自己的大业，建立蜀国。对于企业而言，企业家的身边也必须有一批忠诚追随的员工，才能够将公司发展好。那么企业家该如何使员工忠诚于企业呢？

（1）企业家要用企业的前景“容纳”员工

这里所说的“容纳”不仅是指企业家不能小肚鸡肠，要有容人之量，更重要的是，企业也要有容人之量，也就是说，企业的发展速度要能够适应员工的发展速度，否则就会被员工所“淘汰”。

张琳是某广告公司的企业家，公司成立几年了，但是规模一直没有发展起来。由于公司太小，即使张琳能够招聘到行业精英，他们在公司工作不会超过两个月也就辞职了，因为他们觉得公司太小，没有发展的空间，而自己不能被这样的公司“拖累”。

从例子中我们能够看出，张琳公司的员工们之所以对公司、对企业家不忠诚，是因为公司缺乏“容纳”他们的发展量，而张琳显然也没有向他们描绘过公司未来的发展前景。对于当代人而言，工作中的“忠诚”已经不是古代意义上臣子对君王的“忠诚”，如果企业不能成为他们实现自己发展的平台，他们自然会选择跳槽。所以企业家们要用企业的发展来培养员工的对自己的忠诚，保证他们能够与企业一起发展。

(2) 感情笼络必不可少

在《三国演义》中，当赵云从敌人千军万马中将阿斗平安救回时，刘备没有在第一时间看看孩子的安危，而是愤怒地将阿斗摔在地上，并大声说：“为了你这样一个小孩子，差点害死我一员大将!”而赵云见到刘备这样做，马上跪拜下去并说：“这是我应该做的。”刘备这种对身边的大将比对自己的孩子还好的做法确实感动了将士们，也令他们更愿意效忠于这样的主人。

为了培养员工的忠诚度，企业家们也应该用感情对他们加以降服，毕竟人心都是肉长的，你若长时间的对员工好，员工们也会想办法报答你，而这种报答，就反映在他们的工作上。

2. 引导员工拥有五虎上将的责任之心

既能享受得起荣誉和待遇，又更能承担得起相应的责任和委屈。

我曾经多次听到课堂上的企业家们在聊起员工的离职和不负责任时很无奈，但更令他们头痛的是，某些员工年前还在公司表彰大会上获奖，并在发表获奖感言时还鼻子一把泪一把的感恩公司感恩企业家感恩同事……但年后却因为一点点矛盾，或一些他认为不公平的小事而翻脸，甚至闹离职。

如果作为一名公司的中层领导，能享受得起公司给予的荣誉和收入，却承担不起相应的责任和委屈，这样的人未来很难成就一番事业。所以我们在给员工发奖金或给荣誉的时候一定要让他们明确：今天之所以给你荣誉和奖金，是因为你在过去的一年里，在创造了卓越业绩的同时，更承担了相应的责任，也承受了不少的委屈，所以你值得拥有这份荣誉和奖金。

当我们羡慕一个人成为商界风云人物的时候，我们要明白他获得的所有辉煌都是用委屈换来的。

身为五虎上将，责任心是必不可少的。在与刘备失散后，为了桃园结义时曾许下的誓言，也为了保护好刘备的家小，高傲的关羽暂时“投降”曹操。但是当听到刘备还活着的消息时，关羽马上带着刘备的家小，过五关斩六将，冲破种种险阻回到刘备身边。这就是一种责任心的表现，为了承诺和誓言，不顾个人安危，最终完成任务。如果没有责任心，关羽可能早就归降了曹操；如果没有责任心，在遇到重重关卡时，关羽也许早就退缩了。

在现实的工作中，企业家们也要引导员工要有责任心，那样他们才会对工作负责、对公司负责。

李艳是某网络公司新闻组的员工，负责更新公司网站的新闻。为了让观众每天都看到公司网站上的新闻，公司要求员工必须在每天凌晨4点之前完成更新。而为了保证新闻的时效性，员工们一般都是在凌晨两点左右起来找新闻，然后再更新。

李艳爱睡懒觉，起初还能在半夜起来进行更新，但是有一次她起得晚了，到了5点多才更新。可是白天上班后她发现，企业家并没有注意新闻的更新时间，也没有因此对她进行处罚。李艳感觉企业家以前的要求可能就是“吓唬”自己，其实几点更新都无所谓，再加上确实爱睡懒觉，所以李艳在以后的工作中都是到6点左右才完成更新。而出于对员工的信任，企业家一直没有核查。

一个月后，公司的业绩出现下滑，在查找原因的时候，企业家发现新闻更新已经有一个月没有按照规定进行了，对此他大为恼火，直接将不负责任的李艳解雇了。

从例子中我们能看到，员工对工作的不负责任，不仅会损害公司的利益，同时也会损害自己的利益。因此，企业家们要在工作中培养员工的责任心，使他们明白，带着责任心工作不仅是对公司负责，更是对自己负责。

3. 引导员工拥有五虎上将迎难而上的勇敢之心

男人到老年最后悔什么？莫过于对当年暗恋的女子，年轻时没敢开口表达过，眼睁睁看着她嫁给别人。人到老年最后悔的是浪费无数青春时光，没有勇敢地放下面子，面对市场去赚钱，人到老年才感叹着普普通通一事无成的悲哀和无奈。

作为女人如果此生不勇敢、不努力，结果就是将来跑不完的菜市场，还有逛不完的地摊货。

对于五虎上将而言，勇敢大概是他们的共同特点了。关羽千里走单骑、张飞长阪桥一人独挡百万兵、赵云在曹营七进七出、黄忠老当益壮力斩夏侯渊、马超裸衣战许储……这些典故无一不表现了他们的勇敢，也正是这种"勇敢之心"，使得他们能够迎难而上，即使面对数倍于己的敌人也面不改色、毫不退缩。

在现实工作中，我们会遇到各种难题。面对这些难题，胆怯的人退缩了，甚至不敢进行尝试，因此他们失败了；而勇敢的人则继续前进，所以他们能够坚持到最后，直至成功。如果员工们缺乏一颗迎难而上的勇敢的心，那么很多工作都无法完成，企业的发展也会因此而止步。

刘铁华是三为盛世总部的办公室主任，曾经是跨国企业的省级公司负责人。目前负责公司内训课件的开发。最近由于市场竞争压力增大，因此总部的张总安排刘铁华尽快研发出新课题，从而能够占领国内市场更大的份额。刘铁华自然是身经百战，虽然研发十分困难，刘铁华向部门的其他员工下达了"加班加点，争取早日研发成功"的命令。

由于该研发难度大，在刚开始的时候，刘铁华的整个部门陷入了研发困境。为了稳定军心，他给大家做个好榜样，每天第一个到公司，一心扑到工作上。另外，刘铁华对员工们许诺：只要研发成功，每个人除了发奖金，还涨工资，他亲自请大家喝庆功酒。在刘铁华这种“不畏困难”的精神的感召下，再加上重赏之下必有勇夫，整个部门高效运转起来，员工们也都使出全力，希望能够早日研发成功。

在所有员工的全力拼搏下，终于在一个月后攻破最后一道难关，研发出了新课题。随后，刘铁华向部门成员兑现了自己的承诺，不仅请他们喝庆功酒，还涨了工资、发了奖金。如此一来，也更加坚定了员工们“有困难就上”的决心，整个部门乃至整个公司都被刘铁华这种精神所带动，呈现出一片欣欣向荣的景象。

在战场上，当将军们冲锋在前的时候，士兵们也会受到鼓舞奋勇杀敌；当将军们龟缩在大军后面，甚至流露出随时都要逃走的神情时，军心就会受到动摇，士兵们随时也会溃逃。在工作中同样如此，遇到工作中的困难，就像是面对敌人的大军，如果此时领导者退缩了，那么员工也不会勇敢地承担起责任。因此，要想培养员工不畏艰难的勇敢之心，领导者自己就必须有这样的一颗心，这样才能够培养出下属的“勇敢之心”。

同时，金钱的激励也必不可少。员工们参加工作在很大程度上就是为了赚更多的钱，如果企业家们能够用金钱作为一种激励手段，也能够取得相应的效果。

4. 引导员工拥有五虎上将成就事业的“野心”

拿破仑说：“不想成为将军的士兵不是一名好士兵。”这句话就是告诉我们要有一颗成就事业的企图心、要有野心。没有野心的人会被眼前的生活所“腐化”，会不思进取；而没有野心的企业则会保持原状、停步不前，但是由于市场经济的法则是“不发展就‘死’”，因此这样的企业迟早要被竞争对手所吞没，被市场所淘汰。

要想成就事业，就必须有一颗“野心”。拥有野心的企业就像是一匹狼，随时准备吃掉竞争对手；没有野心的企业则像是一只羊，随时都有被竞争对手吃掉的危险。而这颗“野心”不仅企业家要有，员工也要有，这样才能上下一心，凝聚成一股力量。因此，企业家们不仅要自己有野心，还要培养员工成就事业的野心，这样才不会使他们被眼前的生活所腐化，时刻保持一颗上进的心。

最简单易行的培养员工“野心”的方法就是不断地对他们做培训，使他们能够与时俱进，能够看到世界的发展现状，从而具有一种忧患意识，而这种忧患意识能够在一定程度上转化为发展企业的野心。因为不发展，就要被淘汰。另外，企业家们还需要向员工描绘公司未来的发展前景，以自己的野心去影响他们，使他们的思想能够与自己保持同步，这样才可以为了共同的目标而一起努力。

企业要想发展，只靠企业家一个人的努力是远远不够的；只靠企业家自己拥有一颗“五虎上将”的心也是远远不够的。如果只有企业家一个人有能力、有野心，而员工们则安于现状、不思进取，那么把企业家累死也不可能将企业独自支撑起来。因此，一个会带人、懂得管理的企业家，还会对员工进行培养，使他们也拥有一颗“五虎上将”的心，这样才能将工作放心交给他们去做，才能共同努力实现企业发展。

做老板的气场

人的气场是看不见的，但这种力量是巨大的，就像万有引力一样，我们每个人身上的这种气场无时无刻不在影响着人生。

这种气场是怎么形成的呢?

它来自你的观念、你的信仰、你的环境、你的朋友、你的呼吸、你的欲望、你的静息与睡眠等，这一切都在影响你的气场，这些气场形成你的气质、你的运气、你的命运。一个人的气质很好，外表精神、有修养、有道德，这个人的气场就好，就会吸引好的事，吸引好的人，吸引好的运气。

相反一个人如果气场不好，外表没精神、委靡不振、做事没效率就会走霉运，不好的事情总是发生在他身上，干什么都不顺，喝口凉水都会塞牙，谈好的生意都会失败。那么，是什么影响了我们的气场，看看下面几点。

1. 意念场

你想什么，你相信什么，你就有什么样的气场，这就是吸引力法则。你的思想吸引你想要的东西，你是积极向上的思想，你的气场就是积极向上的，你的思想是消极负面的，你的气场就是消极负面的，同时吸引消极负面的人和事。所以要加深你的正能量场，就要有积极正面的思想。

具有赚钱意识的人经常吸引金钱，而具有贫穷意识的人总是引来贫穷。通过你的思想、语言和行为，它们将为你所意识到的事物打开通道，无论富有或贫穷，都恰如你所想的状况那样满足你。一个人在心里怎么想，他就会是什么样。你一直很害怕的事物总是向你走来。也就是说你所强烈意识到的事物总是会来到你身边。

思想是因，与你思想相一致的人生和境遇就是你的果，你的因会吸引来果，这就是种瓜得瓜，你种下什么因就会收获什么果。知道这个法则后，你就可以运用思想的巨大能量来追求你所想要的一切，你会变得有自信，你会知道世间的因果法则，你会懂得正确、积极正面地运用你的思想，人的心脑合一身心开放后振频就强了，与天地意识信息振频就通畅了。人体就是一个很敏感的信息场，无时无刻不在与外界的信息、能量进行交换。

2. 爱的气场

爱是宇宙间最强大的气场、因为它和宇宙和谐一致，爱是人身上正面的气场。只有发出爱，你才会吸引爱，所以不要只爱你自己的那个小我，要爱周围所有的人，爱你的朋友、父母、爱人、亲人、同事、敌人、地球万物、一花一草，你发出的爱越多，你积聚在宇宙间爱的气场就会越大，同时你收获的爱也就越多。

如果你们回到家，回到厨房，看你们家厨房里有一头蒜长个芽，你已经不忍心把它吃了或者丢掉，拿个小碗或者盘儿弄点水把这头蒜养上了，就是这种爱在你心里自然的流出。将来必成大业。人就得爱生灵万物，不仅是自发的养盆花弄个草，走出去周游世界你才能有感觉，否则没有感觉！它是体验的过程，体验了就发现世界的需要，然后就产生激情，激情来自于跟生灵万物连接，没有激情的人就是已经脱离了生灵万物。

爱是一种物质、一种气场，你发出爱，宇宙就有你爱的气场，一个人积聚的爱的气场越多，他就会吸引更多的爱，当你有困难、有危险的时候，宇宙会发出各种信息让你感知到，这就像灵感一样，灵感发生于有爱的地方，孩子和妈妈、双胞胎、恋人和朋友。只有两个人爱的意识体的气场，才能让他们能够相互共振。虽远在天涯但爱让意识体联系到了一体，他有危险她会知道，他有爱她会感知的到。你某一天想起一个远方的朋友，忽然你这个朋友打电话给你。两个相爱的人虽远在天涯，有时也会感知到对方的爱。一个人广做善事，他就积聚了宇宙间的爱的磁场，当他有危险时，他的潜意识会有感知，身体哪方面不适或出现信号，让他知道然后避免灾难，就算真有灾难，他也会化险为夷。

宇宙间有一个强大的法则就是吸引力法则，你的思想是有气场、有能量、有吸引力的。你想什么你就会发射到宇宙中去，宇宙就会响应你的想法给你想要的。而爱是宇宙间最强大的气场，你发出多大的思想，宇宙给你的气场就会有多大。一个发出爱越多的人，他得到爱的气场就会越大。

做任何事不要以为别人不知道，头顶三尺有神明，“不以恶小而为之，不以善小而不为”。这和佛家的因果思想是一样的，善有善报，恶有恶报，不是不报，时候未到。宇宙是圆的，宇宙是有因果法则的，有付出就有回报。爱别人，别人才会爱你，帮助别人别人才会帮助你。

没有霸性，哪有霸业

老板毁灭，就是因为内心野性的毁灭！野性消失，一切都将散去。

任何一位成功的企业家，都不是甘于寄人篱下的，他们都有一颗成就霸业的心，有一种成就霸业的脾性，正是这些特质使他们能够坚持自己的信念，冲破重重艰难险阻，最终获得成功。

要想实现个人与企业的成功，企业家们没有霸性是不行的。有霸性的企业家和企业就像草原上的狼，能够站到食物链的顶峰，一统草原；缺乏霸性的企业家和企业就只能称为草原上的羊，尽管能够一时偏安一隅，但最终也难逃葬身狼口的噩运。在战争方面，成吉思汗指挥的铁蹄横踏半个欧洲，他无疑是一个霸性十足的帝王，他的伟大自不必细说。但在和平年代，在经济发展的重要时期，我们应该关心的是他的治军之方和作战思想对于我们的经营管理有着哪些珍贵的启示？

有大梦想的企业家们可以从下面几点做起，以培养自己的霸性。

1. 成就霸业的心一百年不变

成吉思汗是被无数中外史书描述为具有天赋、神性的人，进军欧洲前，他曾根据自己梦中所见，在羊皮上画了一张西亚和欧洲地图，整日揣摩。由此可见，成就霸业的心彰显出一代帝王内心无比广阔的版图梦。当他的铁军绵延数百里跨越阿尔泰山，经过贝加尔湖和无数葱岭，突然出现在西方人的视野里，这一刻这位蒙古王“成就霸业，百年不变”的心终于得以显现。

“成就霸业，百年不变”的心，其实就是一颗坚持的心：坚持自己的梦想，坚信自己能够成功。霸气不等于坚持，如果只有霸气而不能坚持，也许能辉煌一时，却难以辉煌一世。

战国时期的纵横家苏秦，虽然出身农家，但是从小就有大志向。在向鬼谷子学习期满之后，苏秦到秦国去面见国君，希望他能够采纳自己的意见，重用自己。然而，名不见经传的苏秦自然不会得到秦国国君的重用，并将他赶出了秦国。在费用花完之后，苏秦不得不回到家里。

当回到家之后，妻子看到他衣衫褴褛，甚至都不理他；他向嫂子借吃的，嫂子也只给他白眼。妻子劝说他：“放弃你的白日梦吧，在家踏踏实实地种地不比来回奔波舒服?”但即便受到这么沉重的打击，苏秦也依旧没有放弃自己的梦想，并头悬梁、锥刺股，继续努力学习，希望有朝一日能够实现自己的梦想。

随后，苏秦改变策略，开始到其他六国游说，让他们合纵抗秦。通过苏秦的不懈努力，终于说动了六国国君，使他们联合抗秦。而苏秦则身配六国相印，统率六国联军，名动天下。他也终于实现了自己的梦想。

苏秦的成功是历经坎坷的，并且受到了身边最亲近的人的嘲笑，但是他不为所动，因为他有一颗成就霸业的心，一直在燃烧。

在如今竞争激烈的市场环境中，公司要想发展会遇到各种艰难险阻，那些挑战不仅挑战一个公司的整体实力，更是在挑战企业家的心理承受素质：能够坚持下来的，就能够实现最终的成功；心理素质不够硬、成就霸业的心不够坚定，就会被无情地打倒。因此，对于企业家而言，这颗成就霸业的心要一直燃烧下去，那样才不会被眼前的困难所吓倒，才能够坚定不移地走下去，并最终像苏秦那样实现自己的梦想。

2. 蓝天之下都是我的牧马之地

听长风耳边呼啸，看碧野无穷浩荡，蓝天之下都是蒙古人的牧场。

成吉思汗的梦想就是成为草原之王，统一蒙古，“要让青草覆盖的地方都成为我的牧马之地”。一个伟人的理想造就的一个伟大的人物，虽然不是每个人都能成为“王”，但每个人都应该有属于自己的理想和人生目标。因为，没有目标就没有行动，没有行动自然不会有成功。

所有拥有巨大成就的人都具有这样一种品质：他们是自己理想目标的设计者，他们一心考虑着富有挑战性的目标，他们对自己的目标和行动的结果负全部责任；他们培养了一种积极的、高度自信、高度自我欣赏的性格。所以，要想给自己的生活带来变化，生命中一定要有一种强烈的目标感。一个富有挑战的目标才会有方向、意义和积极的期待，才能给生活带来改变。

3. 欲成霸业必须吸引天下人才，为我所用

成吉思汗爱才如命，一旦得到贤士和能人，就委以重任，并能真正做

到“用人不疑，疑人不用”。在激烈的现代竞争中，领导者想要成就一番事业，就必须得贤臣良将，有精干的下属辅佐。对于领导者来说，放下架子，拿出诚恳的姿态，招贤纳才，方能成就事业上的成功。

一个优秀的领导者，不仅需要识才、纳才，还需要善于用才，善于留才。海尔集团总裁张瑞敏说：“能满足每个员工最深层、最基本的需要的，不是金钱、物质，而是自我价值的发现和实现。”在用人的问题上，人尽其才是一种境界，它虽不是一蹴而就的事情，却是我们致力追求的目标。

4. 打到猎物，和将士共同分配获得的财物

“打到猎物或战胜敌人，我们共同按制度分配获得的财物，作为统帅必须舍得分享成果，绝不可独吞，否则只有自己一个人去上阵。”这是成吉思汗规定的战利品的处理方式。在当今社会，“共进共退，共享利益”对于任何一个团队而言都是至关重要的。一个组织的成功，不仅是靠领导个人的智慧和才华，绝大部分的成功还要靠领导者周边的追随者，是他们不断奋进的结果。

单打独斗的个人英雄主义时代最终只能成为个体户，这种个人思想已不能适应现代社会的需要，我们已经迈入合作就是力量、讲求团队默契的新时代。

这个世界没有哪个公司是一个人做起来的。

5. 原则面前六亲不认，否则战车就开不远

在其戎马生涯的早期，成吉思汗便约法三章，违者严惩。然而，他的三名近亲却自恃出身高贵，可以不受军纪约束，结果受到成吉思汗的处罚。这种军纪严明、亲疏一致的举动为他赢来更多的部下和更多的拥戴。

大到一个国家，小到一个公司，常常会碰到这样的问题：公司变强了，一些“元老级”人物开始对公司制度充耳不闻，明知故犯，常常置“一把手”的意见于不顾，或者阳奉阴违。联想集团就是一个经典的例子，当年柳传志当机立断，开除与之有裂的倪光南，最后迎来了联想的团结。在公司管理中，作为最高决策者，为万人“杀”一人，才是真正的慈悲之

人。如果懂得其中的道理，遇到这样的时刻，就可从容坦然面对；作为公司的其他成员，懂得其中的道理，就应当克服自己的弱点，极力去避免悲剧的发生。

6. 你的心胸有多宽广，你的战马就能驰骋多远

只有过人的胸怀，才能够容纳天下将才为己所用。草原之子成吉思汗有着比草原还宽广的胸怀，他用人不问民族、出身、资历，甚至昔日的敌人都可以破格录用。他对金国降臣契丹人耶律楚材以“长胡子”作为爱称，诚心纳谏，更让人领略了他作为政治家的宽广胸怀。

博大的胸襟，恢宏的意识，从容的气度，正是领袖人物所必备的素质。成吉思汗有比草原更宽、比大海更广的胸怀，因而他的战马能够在欧亚大陆上驰骋。对于我们普通人来说，我想，“你的胸怀有多大，你人生的快乐就有多少”是成立的，如果你想拥有更多的快乐，那么，就请放宽你的胸怀吧！

7. 掌握时机，该出手时就出手

霸性不是鲁莽，有霸性的人在面对困难时固然会迎难而上，但他们是以那种精神做支撑，利用智慧寻找时机和方法去解决困难。因此，有霸性的企业家必然也是一个有智慧的人、一个果断的人，能够看清市场形势，抓住机遇，该出手时就出手。

对于商人而言，机遇就是效益，只有在机遇面前果断出手才能够抓住它，才能够利用它为企业的发展服务。因此，企业家们要利用自己的智慧，善于把握机遇，并能够迅速行动起来，那样才能够成功。

李嘉诚先生不仅是香港首富，还多次获得亚洲首富的称号，他所创建的长江实业集团已经从原来的小公司发展为全球知名的跨国企业。除了商业上的成就之外，李嘉诚先生还多次获选“香港风云人物”，并荣获英国女王颁发的 CBE 勋衔，拥有众多荣誉。然而，李嘉诚先生的成功并不是一帆风顺的，也是他通过艰苦创业一步步实

现的。

由于家境贫寒，父亲去世的早，14 岁的李嘉诚就挑起了照顾全家的重担。他先是到一家茶楼当跑堂的，随后又到一家钟表店当修理工。在工作的三年中，李嘉诚学会了察言观色，同时也懂得了世态炎凉。尽管生活很艰苦，但是李嘉诚并没有被生活所压倒，也没有放弃成功的梦想。在理想的支撑下，他意识到不能永远寄人篱下，于是辞去修理工的工作，到一家五金厂当推销员。工作不到一年，由于他勤奋好学，又精明能干，很快被提升为塑料花厂的总经理。此时，李嘉诚还不到 20 岁。

但是这点成就依旧满足不了他的胃口。在摸清了市场规律，并积攒了一部分资金后，李嘉诚抓住时机，果断地创办了一家属于自己的塑胶厂。此时。李嘉诚的理想已经逐渐呈现出一个相当霸性的轮廓。随后，李嘉诚又瞅准时机进军房地产，他以独到的眼光和精明的开发策略使自己的公司很快成为香港有名的地产开发和投资实业公司。等到公司上市时，股票已经暴涨到原来的65 倍。此后，李嘉诚又通过多次购买其他大公司的股份，使长江实业集团逐步发展壮大，而他的理想也因此实现。

“霸性”“原则”“胸怀”“吸引人才”“分享战果”“抓住机遇”，这几个方面是一个有霸性的企业家的全面体现，也是他们获得成功的基本素质，能够做到这几点，成功必然也不会太遥远。

带队伍的命脉——带动团队而非命令团队

很多企业家都在探寻“如何令企业走向成功”这个问题。要想带领企业走向成功，首先要让员工走向成功，只有在成功的员工的共同努力下，企业才能走向成功。但是另一个问题又摆在我们的眼前——如何让员工走向成功？西方有句古谚语是这样说的，“羊率领的一群狮子，打不过狮子率领的一群羊”，这句话用在管理界中就是“没有不好的员工，只有不好的企业家”。这里“不好的企业家”，不是指企业家能力不行，而是指他不会带队伍。一只羊带的狮子，只会让狮子变成“羊”，而一只狮子带的羊，则会让羊变成“狮子”，这是由他们的带领者决定的。因此，要想让员工成功，企业家们必须学会如何带队伍。

有的企业家认为带队伍很简单，只要给员工安排工作，让他们去做就行，做得好就表扬，做得不好就批评。事实上，这是传统的带人方法，也就是“命令式”的带人方法，就像在军队中采用军事化管理一样，要求员工要绝对服从。然而，在军队中采用“绝对服从”的命令式管理是为了培养士兵的爱国心，是为了让他们服从组织上的安排。但是如果在企业中也搞这一套，就不太适合了，这种纯粹命令式的带人方法会给企业带来诸多弊端。

1. 命令式的带人方法引起的诸多弊端

（1）命令式的带人方法会令员工思维僵化、机械化

我们知道，在军队中采用的“毫无借口，绝对服从”的管理方法，需要士兵们摒弃自己的想法和思想，完全服从组织上的安排，这样便于统一管理、统一调遣。试想，如果在战场上，所有人都有自己的想法，又不服从上级管理，那么这场仗就没法打了。

但是同样的方法如果用到企业管理中，则会使得员工的思想逐渐变得僵化、机械化，只是听命于领导而不会主动思考问题，这种“呆板”的企业是无法在市场竞争中生存下来的，因为企业要想发展，就需要更多的“点子”，而“命令式”的管理方法则会将员工们想出的“点子”扼杀在他们的脑海中。

（2）命令式的带人方法会使员工的工作积极性降低

当员工们长期听命于领导的指令做事，就会逐渐“变懒”：他们在听到领导的命令时自然会马上做出响应（因为已经形成条件反射），并尽快将工作做好，但是如果领导不发布命令，让他们自由行动时，他们就不会

积极工作了，准确地说应该是“不知道该如何工作”了。

企业的发展需要“长江后浪推前浪”，需要新陈代谢，不断更新。因此，如果一个企业家让员工全听自己的话，那么这个公司就会失去继续发展的机会，因为员工都听企业家的话，就不会有自己的思想，就无法超越自己，超越企业家。

王总是某文化传播公司的创始人，做事情事必躬亲。为了避免员工在工作中出现差错，他会将工作认真地安排给每一位员工，让他们按照指示去做。公司开始建立的时候，由于人少，再加上王总精力旺盛，给几个人分配工作很简单，而且王总很了解文化市场的规律，点子又多，所以公司的业务做得顺风顺水。

随着公司的发展，规模逐步扩大，员工也越来越多，一向精明干练的王总发现自己的精力不够用了，很多时候虽然考虑地挺周到，但是到执行的时候就会出差错。而且由于老员工都是在他的指令下工作，虽然很听话，全都唯他马首是瞻，但是在他的影响下，任何一个人都没有能力独自承担起公司的业务，甚至都无法协助他处理公司事务。可以说，是王总一个人在支撑着整个公司的运营。

有一次，王总得了重感冒，不得不住院休息，所以他将公司的事务交给一名在他最初创业就追随着他的老员工打理。但是王总在医院也不放心，只休息了一天就带病出院了。果不其然，他的担心是有道理的，他只是一天不在，公司所有的员工就像是放假了一样，几乎没有人在工作，因为他之前安排的工作大家都做完了，现在没活干，自然要休息了。而代理他的那位老员工则很忙，他正在做前天王总安排给他的工作！于是，王总不得不马上开始为员工们制订新计划，好让公司正常运转起来。

另外，由于王总的公司本身是做市场文化的，因此就需要更多新点子，尽管王总的点子很多，但是也无法应对越来越多的客户，而且他还要给员工们安排具体的工作，就无法抽出更多时间来思考问题。而公司设立的策划部门，基本就是摆设，这里的员工不是为客户策划方案的，也是听命于王总，只负责执行的。由于思想僵化，他们给出的策划方案都是王总曾经提过的，没有任何新意，所以王总从来没有满意过，后来干脆也就不让他们进行策划了。

在这种发展模式中，公司只能同时面对两到三个客户，因为多了就应付不过来了。因此，王总的公司虽然开始的时候发展势头很好，但是发展到一定程度后就停滞不前了。

企业家的这种“命令式”管理方法就像是我国社会主义初级阶段采取的“计划经济”一样：领导规划好，员工来执行。但是事实证明，这种“计划经济”难以调动人民的积极性，不适合经济的快速发展，因此才有了后来的“市场经济”。因此，在市场经济环境下，公司的企业家也不能采用“命令式”的管理方法去带员工，那样只会毁了员工与公司的前途。

2. 企业家如何正确带动员工的积极性

答案就是放弃“命令式”管理方法，采用“引导式”管理方法。也就是说，企业家们是在“带”员工，而不是在“命令”员工。因此，我建议企业家们可以从下面几个方面入手。

(1) 采用“SMART 目标管理法”带动员工

所谓的“SMART 目标管理法”，就是为员工制定明确的（specific）、能够衡量的（measurable）、有雄心的（ambitious）、能够实现的（realistic）、有时效性的目标（time - bound），以此来引导员工走向成功。这种目标制定方法能够让员工看到自己工作的方向，同时让他们明白，完成工作任务、提升工作业绩、实现公司发展是每一位员工共同的责任，而不是一个人或者几个人的责任。

企业家们可以先教会员工们如何制定目标，然后由他们自己动手制定个人的发展目标，以此来培养他们的独立性与积极性。当然，“带动员工”并不是放任不管，当员工们制定好目标之后，企业家们还是要过目的，因为员工个人的发展目标必须与公司的发展目标相一致，那样才能够促进双方的发展。如果员工的发展目标中有所偏差，企业家们要及时修正，并引导员工向正确的方向发展，制定合适的目标。

（2）带动员工要有一个明确的标准，并实施监督

无规矩不成方圆，要想带动员工，就必须有一定的标准，并且时刻按照这个标准执行，时间长了才能形成效果。定下标准之后，即使在执行过程中遇到困难，也要坚持下去，不能因为困难而降低要求。而且在执行过程中，需要企业家们对员工们进行监督，这时，企业家们不要因为辛苦而中途放弃，否则原来的努力就会付诸东流，等熬过了艰难的时刻，将员工培养成功，就能获得更大的收益。

（3）带队伍，是“带”，而不是“强加”

很多企业家喜欢将自己的想法强加给员工，让他们按照自己的意志去做事，这种“强加意志”的做法与“命令”的方式是一样的，同样会破坏员工自己的思想，使他们成为不会思考的“木偶”。因此，企业家们在带队伍的时候，要学会对员工进行“辅导”和“引导”，要学会因材施教，发现不同员工身上的优点，并着重培养这一优点，使其发扬光大，在工作中起到作用。这样就能够培养出不同个性的员工，令企业充满生机，充满战斗力和竞争力。

要想做到这一点，企业家们还需要注重沟通的作用，因为只有通过沟通，才能够知道员工们的真实想法，才能够发现他们的优点。

（4）带队伍，要妥善处理下属的不同意见

在公司里企业家固然是最大的头儿，但是要想让公司更快、更好地发展，企业家们就必须广开言路，多听取员工们的意见，因为他们在基层更能够看到一些问题。有些企业家很蛮横，觉得自己说得就是对的，与自己说的不同的就是错的，所以他们对员工反馈的不同意见会强行反对或者根本置之不理。但是，企业家的这种做法不仅会给员工留下“小心眼”“嫉贤妒能”等坏印象，还不利于解决问题。这会激化矛盾，等过段时间问题爆发了，将会对公司造成损失。

张企业家经营着一家商场，在对楼内设施进行设置时，他亲自拿出了参考方案，并让建筑部门按照他的意见进行装修。建筑部门的主管拿到企业家的计划书之后，经过仔细研究，觉得有必要在楼内设置一些让消费者休息的便利设施，以方便他们逛商场累了能够有个休息的地方。

当主管将自己的意见上报给张企业家后，张企业家大手一挥，不容置疑地对他说："这个绝对不行，逛累了他们就可以走了，如果设置了这些休息的设施，他们就会长时间停留在商场内，这对我们来说也是一种负担，而且休息的人在那里闹哄哄的，还会影响其他消费者。"主管说："可是没有休息的设施，会让我们的消费者减少的。"张企业家不耐烦地回答道："消费者少不见得公司的利润就低，菜市场的人还很多呢，那里卖菜的挣钱吗？我是企业家，我说了算！"听到企业家这样说，主管也就不多说了，完全按照企业家的意见对商场进行了装修。

商场装修好之后，开业酬宾。起初，由于刚开始营业，很多商品都打折促销，商场迎来了众多消费者，公司的利润涨势很快。但是不到一个月，消费者就越来越少，有些老客户也不来消费了。张企业家很纳闷，不明白哪里出了问题，开会研究也没找到问题的根源。于是，张企业家采取了一次市场调查，询问消费者的意见。

等消费者的意见被呈报上来之后，张企业家傻眼了，原来，在消费者的描述中，他们最不满意的就是商场内部没有可以休息的地方。张企业家十分懊恼当初没有听取建筑部门主管的意见，现在想要挽救，就必须花费更多资金，而这对本来营业额就不高的公司无疑是雪上加霜。

再优秀的管理者，也难免会有考虑不周到的地方。因此，企业家们要善于听取并妥善处理员工的意见，这样不仅能够使员工更加自信，更加积极地投入到工作当中，从而帮助他们更快的成长，而且有些好的建议还能为公司带来更多效益。

永守重信是世界五百强之一的日本电产集团的会长，他曾说过："在危机四伏的市场中，企业领导者只有会'带'员工，才能够让他们时刻存在危机感。"就像永守重信所说的一样，企业家就是"带领"员工走向成功的，而不是"命令"员工走向成功的。因此，企业家们要学会带队伍的艺术，从而带领员工和企业共同走向成功。

第六章

驾驭“实战术”，给你一个新团队也能带

了解新团队的背景

当我们读一部名著时，首先要了解著作中当时的时代背景，那样才能够明白书中所讲述的事情，读懂作者刻画的人物，否则就可能出现理解上的偏差。同样的道理，作为公司的企业家或者是一个团队的管理者，首先要弄清楚团队的背景，那样才能了解团队、掌控团队，才能够带领团队走向成功。

对于团队的领导者而言，了解团队的背景很重要。

1. 只有了解公司或者团队的背景，才能够发现其中的问题，并想到解决的方法

很多公司或团队都存在矛盾和问题，这些问题深藏在团队内部，如果不能对其背景彻底了解，就无法发现这些问题，也不可能将其解决。

由于公司人事部主管退休了，所以郭建被企业家从其他部门调到人事部任主管。在上任的时候，企业家嘱咐郭建：人事部里有两位得力干将张峰和刘韬，以后人事部的工作还要依靠两人，不过他们之间有矛盾，你要处理好。

郭建上任后，发现张峰和刘韬两人之间的关系很融洽，就以为老板是在吓唬自己，因此也没将老板的嘱咐放在心上。半个月后，郭建的位子还没坐稳，张峰和刘韬之间的矛盾就爆发了。原来，人事部以前的主管在公司威望很高，一直压制着两人，两人也没有公开翻脸。当郭建来了之后，两人终于撕破表面的平静，公开翻脸，甚至闹到郭建的办公室，明确对他说两人之中只能留一个。

此时，郭建才意识到问题的严重性。因为对于公司而言，两人都

很重要，任何一人离职，都会对公司造成很大损失。在郭建绞尽脑汁想办法解决他们之间的矛盾时，张峰和刘韬两人竟然都辞职了，公司同时失去了两位人才。

如果郭建在进入人事部的时候向企业家打听清楚团队的背景，或者是留意企业家对他的交代，他就能够有充分的时间解决张峰和刘韬之间的矛盾，即使无法妥善解决，至少可以为公司减少一部分损失。然而，正是由于对人事部的背景不熟悉，导致郭建措手不及，给公司造成重大损失。

杰克·韦尔奇是美国通用电气公司历史上最年轻的董事长和CEO，正是在他的带领下，通用电气公司实现了蜕变，并获得了质的飞跃，盈利能力一度全球第一，而杰克·韦尔奇也被称为全球“最受尊敬的CEO”。

通用电气公司创立于1892年，经过近一百年的发展，到1981年时，已经成长为一家庞大的跨国公司。与此同时，它也面临着巨大的危机：外部竞争激烈，内部官僚作风严重。在内忧外患下，通用电气公司的盈利已经长期处于“赤字”的状态下。

1981年4月，杰克·韦尔奇接任通用电气公司的总裁，此时，他已经在通用公司工作了二十多年，并对公司的背景非常了解。为了挽救公司，杰克·韦尔奇认为必须对公司进行深化改革，改革掉公司的官僚主义风气，为公司输入新鲜的血液。虽然在改革中遇到了一些困难，但是凭借着自己的智慧与对公司的了解，杰克·韦尔奇实现了自己的愿望，成功对公司实行了改革。

改革之后的通用电气公司充满了生机与活力，在韦尔奇的带领下，公司在1981年至1998年之间各项主要指标一直保持着两位数的增长，虽然员工从原来的40万削减到30万，但是公司年收益和净利润都增长了数倍。此时，通用电气公司才真正成为全球的龙头企业。

正是由于杰克·韦尔奇深刻地了解到通用电气公司官僚、腐败的背景，了解到公司正在走向崩溃的边缘，所以才想到了利用深化改革的方法来拯救公司，而且利用对公司内部的了解，他也成功做到了拯救公司。

2. 只有了解公司或者团队的背景，才能够与员工更加融洽地相处

带队伍就离不开与员工打交道，如果团队管理者不了解员工的脾性，必然就无法与其融洽地相处。而那些了解团队背景、了解员工个性的企业家，就能够根据员工的不同个性，对他们加以引导，甚至可以利用他们的性格促使他们完成工作任务。

王芳担任某广告公司策划部主管，虽然刚上任不久，但是对部门内部的情况却非常了解。小张是策划部最有才能的一个人，被人称为“策划天才”，但却是个“怪才”：主意有很多，策划工作做得也很好，就是有点孤傲，有点自以为是。由于王芳刚来策划部的时候有一次因为观点不同和小张吵过架，所以在以后的工作中，小张总觉得王芳跟自己过不去。

公司最近接了一个大客户，为客户做广告策划，于是王芳将这件事交给小张主管。在接到任命后，小张觉得这是王芳故意给自己“下绊子”，如果做不好她就可以借口开除自己。于是，小张对王芳说：“主管，这个单子太大，我怕做不好，您要不考虑考虑让别人做?”

对于小张的心思，王芳全都了解，而且也知道他对自己有误解，但是又不方便解释。现在策划部就他能力最强，这个单子他要是不能接，别人更不敢接。出于对小张性格的了解，王芳故意用话激将他：“这么个小单子你都做不了？我看你这‘策划天才’是自封的吧？要是实在不行，我就找别人好了。”

王芳的话正好戳到了小张的软肋，他就怕别人看不起自己。听到王芳这么说，小张一脸不屑地回答：“交给我好了，这点小活，两天就给你拿出策划方案。”

果然，小张经过加班，第三天就将策划方案呈交给王芳。随后，公司经过研究决定采用这个方案。完成这个大单子之后，王芳主动邀

请小张吃饭，并向他解释了以前的误会。此后，两人不但在工作中相处得非常融洽，还成了好朋友。

既然了解团队的背景如此重要，那么我们该从何处入手，以便更快地了解团队的背景呢？

（1）我们可以从“前任”入手了解团队背景

当你接手一个新团队后，要想最快了解这个团队的背景，就是向“前辈”请教，也就是向团队以前的领导者请教，因为团队是由他带出来的，他对团队的具体情况自然也就很清楚。这就像是一个交接过程：前任将团队的情况告诉后者，而后者为了更好地带团队，就必须从前任那里吸取经验。

因此，在带领新团队时，我们可以从这个团队的老领导，或者是与这个团队中的大部分人熟识的人那里打探团队成员的情况，这样有利于我们更容易融入团队。

（2）我们可以从团队的一些“老员工”入手了解团队背景

如果没有前任领导者可以咨询，那么就从团队的老员工入手探查团队的背景，因为老员工在团队中待的时间长，对内部情况了解得多，所以通过他们也能够快速摸准新团队的“脉”。

（3）可以通过沟通与观察，了解团队的背景

如果你接手的是一个刚刚成立起来的新团队，团队成员来自四面八方，而且都不熟悉，那么就没有可以咨询的对象了。因此，在这种特殊的情况下，团队的领导者只好通过自己的观察以及与员工之间的沟通来逐步掌握团队的背景。

医生在给病人开药之前，必须先弄清楚病人得了什么病，那样才能对症下药。而对于管理者而言，也必须先摸准了团队的“脉”，才能带领他们走向成功。因此，每一位管理者在带队伍的时候，首先要掌握团队的背景，以更方便融入他们、引导他们。

新团队的核心问题——冲突

任何地方都存在冲突，小到一个家庭，大到世界的各个国家之间都会有冲突存在。在家庭中，当家的人能否妥善处理其他人之间的冲突，关系到一个家庭是否和谐；在世界上，联合国能否妥善处理各国之间的矛盾，则决定了世界的和平。同样，在一个新的团队中也会存在各种冲突，而作为团队的领导者，能否妥善处理这些冲突，将会决定这个团队能否继续存在、能否继续发展。

那么该如何处理团队中爆发的冲突呢？我们先来看一个例子。

约翰是国外某电气公司的工程师，同时也是这家公司的运营副总裁，对公司很多事情都有最终的决定权。他所带领的技术团队是公司最强大的一个工作团队，与其他的管理者一样，约翰在工作中非常看重两点：按时完成工程任务，为公司节省开支。他很喜欢这个公司和自己带领的团队，并且喜欢这种合作的氛围。

一年前，这家电气公司和另外一家公司进行了合并，对于约翰来说，合并之后，很多事情都发生了很大变化。首先，约翰领导的那个工作团队中很多人都离开了公司，有自愿的，也有被迫的，而很多新人加入了进来；其次，原来的公司里那种相互合作、共同工作的团队精神也不复存在，员工们对工作不再有确定感，相互之间更加难以合作。

尽管变化很大，但是约翰相信凭借自己的努力，一定可以使两个公司的不同“风格”融合在一起。然而，没过几天，新公司的企业家派来一位年轻的工程师乔森接替约翰做运营部的副总裁，对此，约翰感到很难过，但他还是接受了现实。

开始的时候，约翰和乔森相处得还不错，但是很快，事情就发生了变化。原来，乔森的工作风格是新公司的风格，态度专横，与原来公司的员工合不来。于是，公司里就出现了两个“派系”：一派以约翰为首，他们注重员工间的相互合作，被称为“旧派”；一派以乔森为首，注重以专横的态度以及自己的方式推动工作进展，被称为“新派”。有了派别自然就会有冲突，双方之间互不相让，在工作中经常会出现摩擦。而且，由于乔森在工作中表现出的“雷厉风行”的做事风格很对新公司企业家的胃口，所以他经常在公司的高层会议上对乔森提出表扬，这令乔森更加肯定了自己的做法。

对于部门现在的情况，约翰感到很无奈，也很难接受这个事实，于是，他去找乔森谈话。结果，乔森给出的答复是：“也许以前公司的那种氛围确实很好，但是那只属于过去。既然现在是新公司，那么就要按照新的风格来，希望你能尽快适应。当然，如果你不能适应现在的工作，可以选择离开。”

双方之间的矛盾一直在积累，直到后来的一个项目彻底“点燃”了他们之间的冲突。

新公司成立之后，原来公司的一些老产品被新产品取代，这就需要将原来的老厂房拆除重建，考虑到约翰曾经是老厂房的建设者，更熟悉老厂房的拆除工作，公司高层就将这个工程交给了运营部，并且让乔森和约翰共同负责，约翰管执行，乔森管监督。

为了拿出更好的拆迁方案，运营部召开了一次会议。本来会议进行得还算顺利，乔森一直在发言，而约翰则选择沉默。但是随着会议的进展，乔森将矛头指向了约翰，并当着众人的面对约翰说：“你的管理方式太过宽松，我怕在这次任务中会有所疏漏，所以我提议工作中无论事务大小，你都要向我汇报，等我批准之后才能执行。”

这句话刺伤了约翰的自尊心，他觉得乔森这是在侮辱他，因为他也算是乔森的“前辈”，而乔森却对他说出这种质疑的话。于是他和乔森大吵起来，并愤怒地摔门而出。两人之间的冲突彻底爆发。

第二天，约翰向公司的 CEO 史密斯提出了辞职申请，他觉得自己不适合在新公司继续工作。当史密斯看到约翰的辞职申请之后感到非常震惊，他并不想失去这样一位优秀的员工。于是，他答应约翰和乔森好好谈谈。随后，史密斯约谈了乔森，并向他说明让约翰负责这个项目是因为约翰对旧厂房很熟悉，相信他能够处理好这件事，所以他不会同意约翰的辞职。本来乔森也想提辞职的事情来“威胁”史密斯，但是他没有说出口。从史密斯的办公室出来之后，乔森决定不再管约翰的事，于是经常避免见到他，两人也没有再开会。

虽然约翰重新拿回了主权，但是他觉得现在公司所有人都在反对他，这使他无法专心于工作，拆迁项目也迟迟没有进展。看到问题并没有彻底解决，史密斯决定和约翰进行更深入地沟通。他们之间的谈话是分三次进行的。

第一次谈话。

史密斯：“约翰，你最近工作不是很积极，是什么情况让一个热衷于工作的人变成了现在这个样子?”

由于工作的事情，约翰最近确实经常焦虑不安，现在听到史密斯询问，就将自己与乔森之间的冲突全部告诉了对方。

史密斯听完后问道：“你认为是什么事情导致了你们之间的冲突?”

约翰：“很简单，是因为两个公司之间不同的文化差异造成的。我们这些老员工注重合作的精神，而他们太自大了。”

史密斯：“那你在这期间做过什么有帮助的事情吗?”

约翰：“我尝试着融合两种不同的企业文化，不过现在看起来并不管用，他们依旧我行我素。”

史密斯：“那你呢?”

约翰想了想说道：“至于我，还是像以前一样很敬业。”此时，约翰已经意识到自己应该更专心地投入到目前的项目中了。

史密斯：“非常好，这才是我认识的那个约翰，继续加油，我知道你一定能够做到更好。”

通过这次谈话，约翰和史密斯之间的关系更加深了一步，而且约翰也开始更加积极地投入到工作当中。

一周后，史密斯找约翰进行了第二次谈话。

史密斯："约翰，最近工作怎么样，还顺利吗？"

约翰："好多了，项目有了一定进展。"

史密斯："那很好啊，但是为什么你看起来还是愁眉苦脸的？"

约翰："工作进展还算顺利，但是我和乔森之间的关系依旧不好，这一周我就见过他两次，有一次还是在一位员工的生日派对上。"

史密斯："员工的生日派对？听起来不错，你们玩得怎么样？"

约翰："玩得很好，部门所有员工都去了，那些老员工和新员工相处得很融洽，我也和乔森闲聊了几句。"

史密斯："那很好啊，看来你们之间的关系有进展。那另外一次呢？"

约翰："是在一次工作会议上，我向他汇报了一下工作进度，然后他向我询问了一些工作中的问题。"

史密斯："那么你是怎么做的？"

约翰："我当然是知无不言了，把所有知道的都告诉他了。"

史密斯："你做得对极了，他是否对你表露出欣赏的表情？"

约翰回忆了一下，说道："嗯，是有那么一点，因为工作中有些问题确实很复杂，没有丰富的经验是很难做到的。"

史密斯："也许他监督你并不是因为他认为他比你更适合这项工作，只是想从你这里找到当领导的威信，证明自己。你为什么不照顾一下他，给他台阶下呢？比如向他咨询一些工程中的小问题，当然，都是一些无关紧要的问题，毕竟他属于新来的员工，你们要互相帮助。"

约翰："你说得有点道理，我会按时向他汇报工作进度的，不过至于他怎么想，我就不知道了。"

史密斯："你一定能做好的约翰，你看，事情正在向更好的方向发展，这需要你们共同努力。另外，你以前也像现在这样每次到公司就直接进办公室工作吗？会和员工们交谈吗？"

约翰："当然不是。以前公司氛围很融洽，我也很喜欢和员工交谈，以增进彼此之间的感情。自从乔森来了之后，一切都变了。"

史密斯：“是他改变了这一切，还是你自己变了？为什么不尝试着像以前一样和他们继续交谈？说不定事情会更好。”

约翰：“好吧，我尽量试着做，但是有没有效果我可不敢保证。”

史密斯：“放心去做吧，效果肯定好。”

又过了一周，史密斯和约翰进行了第三次谈话。

史密斯：“约翰，你的气色看起来不错，是不是工作很顺利？”

约翰：“是的，顺利极了，工程已经进行了一半，一切都在按照计划进行。而且最近通过和乔森的几次谈话，我发现他也不是那么难以相处。另外，他确实有些才华，在他这个年龄能有这样的能力已经非常不错了。”

史密斯：“约翰，据我所知，你可是很少夸人的，看来乔森没有想象中那么恶劣。”

约翰：“也许以前我的想法是有些理想化，对于新公司而言，确实需要一些新的方法。”

史密斯：“这么说你们之间的关系已经没有前段时间那么差了？”

约翰：“还好吧，这周见了乔森几次，我向他打招呼的时候他也向我微笑了。而且在工程中遇到的一些小问题他也主动派人帮我解决了。”

史密斯：“这真是太棒了！现在你是否感到还是在这种融洽的氛围中工作效率更高？而且两个人一起干，总比一个人要好点吧？”

约翰：“确实是这样。”

史密斯：“那么你觉得以后该怎么做呢？”

约翰：“我觉得该让乔森也参与进来，毕竟他是运营部门的副总裁。而且，正如你说的，他是新人，需要证明自己。”

史密斯：“你的想法很好，就这么做吧。”

此后，约翰主动让乔森也参与到这项工程之中，两人之间的关系明显缓和了许多。尽管在有些问题上还存在一些分歧，但是从公司的利益出发，两人开始通过协商来解决问题，而不是像以前那样大吵大闹。虽然两人并没有成为朋友，但是这没有关系，因为他们已经学会了通过互相尊重的方式和对方相处，而且公司的工作也进入了正轨。

从例子中我们能够看出，约翰和乔森可以说是“积怨已深”，因此冲突爆发时也就更加激烈。但是考虑到两人都是公司的有用之才，所以史密斯并不想失去他们之中的任何一个人，因此，他采用了下面的方法，妥善处理了两人之间的冲突。

1. 了解冲突爆发的原因，接受冲突

要想彻底解决冲突，就必须了解冲突爆发的原因，那样才能对症下药。另外，对于已经爆发的冲突，当事人肯定都会很冲动，如果此时领导者强硬地进行干涉，只会让事情变得更糟糕。因此，团队领导者应该先接受冲突，并让员工将心中的怨气发泄出来，然后逐步引导员工寻找解决问题的方法。

从上面的例子中我们能够看出，史密斯正是采用了这种方法。他先听取了约翰对于冲突原因的描述，并让他宣泄了自己的“怨气”。

2. 引导员工逐步走向解决方法，和员工一起共同解决问题

当团队的领导者了解了冲突的根源后，就要想办法给予解决，毕竟解决问题才是最主要的。但是在解决问题时应该采取什么方法才能更有效呢？

有的老板也许会直接下命令，以强制的手段使冲突双方“熄火”。但是这种方法治标不治本，只能实现表面的和平，而冲突双方的怒火会因为这种压制积攒起来，直到下一次爆发，而且会爆发的更厉害。所以，解决冲突的有效方法不是“压制”，而是引导，就像是洪水来了不能堵，而应该疏导一样。

另外，老板们不是要直接告诉员工该怎么做，而是要“引导”他们自己想出解决的方法，让他们自行解决。因为员工们总喜欢“走自己的路”，他们更喜欢用自己的方式解决问题。所以只有这样才能彻底解决冲突。

在上面的例子中，史密斯并没有告诉约翰该怎么做，而是通过谈话的

方式引导他说出解决问题的方法。这种方法很有效，不仅使约翰重新进入工作状态，而且还解决了他和乔森之间的矛盾。

3. 加强双方之间的合作，彻底消除冲突的根源

在员工之间的冲突“熄火”后，企业家们还不能放松警惕，还要防止“死灰复燃”。因此，我们要趁热打铁，通过分派一些需要两人一起完成的工作来加强他们之间的合作，从而使他们能够更加了解彼此，彻底消除冲突的根源。

任何一个新团队都会有冲突存在，如果领导者处理不好，就可能令团队陷入“瘫痪”，使工作无法顺利进行。因此，企业家们在加强团队管理的同时，还应该妥善处理各方之间的冲突，为团队营造出和谐、合作的工作氛围，以保证团队能够不断走向成功。

率领员工走向方法的阶梯

资深餐饮管理专家张宗成先生有句常说的话，“一流员工找方法，末流员工找借口”，这句话反映了员工们对待问题的态度：一流员工在遇到问题时会迎难而上，寻找各种方法予以解决；末流员工在遇到问题时会选择退缩，寻找各种借口为自己开脱。显然，老板们更需要那些能够找方法解决问题的“一流员工”，因为他们能够承担起企业的发展重任，能够为企业带来更多效益。

李弘毅是国内某保健品公司的大区负责人，公司的产品不错，但在国内的竞争压力很大。

有一次，李弘毅坐飞机去另外一座城市为代理商做指导，没想到遇到了飞机故障。在外界各方的努力下，几个小时之后，飞机终于安全落地。惊魂未定的李弘毅在即将走出机舱时，突然想到了在电影中看到的镜头：一大群记者围着获救后的乘客争相报道，向全国人民述说整个遇险事件。既然会有这么多记者采访，为什么不让他们为自己

的产品做一次免费的宣传呢？想到这里，李弘毅重新回到座位上，在一张纸上写下了这样几句话：“我是××保健公司的李弘毅，感谢你们对我们的营救，我和公司的××牌保健品全都安然无恙！”然后举着这张纸走下飞机。

李弘毅的这种“出场”方式立刻吸引了大量记者，而他手上的那个“招牌”更是夺人眼球，李弘毅成了这次劫机事件中的“明星”，很多记者都对他进行了采访。自然，他们公司的产品也在瞬间被全国观众所熟知。

由于他的这种宣传方式，公司的电话快被打爆了，客户的订单一批接着一批。

对于那些能够在工作中寻找方法解决问题的员工，我们自然要对他们进行奖励，因为这不仅是在鼓励他再接再厉，也是在向其他员工传达“要为问题找方法”这样一个信息。而对于那些总是在工作中找借口，并且屡教不改的员工，企业家们只好对他们说“拜拜”了。

申海是某典当公司和投资公司的董事长，因为为人大气诚信，所以深得企业界老板们的认可。他曾经和我分享他公司中发生的一件事，他手下一位叫小王的员工因为出门晚了，跟的一个客户被竞争对手抢走了，为此给公司造成了一定损失。为了开脱自己的责任，小王为自己找了一个很好的借口：因为腿伤发作，比竞争对手晚到十几分钟。对于他的腿伤，申总也是有点愧疚的，于是相信了他说的话，没有批评他。

谁知，在尝到了找借口就能开脱责任的甜头后，小王变本加厉，将“腿伤”这个借口用到工作中的各个地方：当公司派他去跟棘手的单子时，他会说腿脚不方便，难以胜任艰巨的工作；有比较容易的业务时，他又跑到申总面前用腿说事，要求在工作中给予照顾；如果业绩不好，他就故意抱怨自己的腿不争气，总是慢人一步……事实上，申总知道他的腿伤并没有多严重，只是出于好心，耐心开导，结果还是无效。

但是长此以往，不仅公司的业绩下滑，其他员工也颇有微词。于是申总果断地将小王叫到办公室，对他说了一些抚慰的话，又给了他一笔“解雇金”，让他辞职走人了。从此公司正气得以弘扬。

像小王这样的员工，一旦养成找借口的习惯，他们的工作就会缺乏效率，而且在工作中往往不诚实。这样的员工不可能是好员工，也不可能为企业带来效益，因此企业家们不需要这样的员工。

当然，员工在工作中“找方法”还是“找借口”，不仅取决于员工本人，企业家也要反思，如果不及时处理将祸患无穷。因此，企业家在工作中不仅要善于发现问题，更要及时解决问题。

1. 管理者以身作则，找方法，不找借口

孔子曰：“其身正，不令而行；其身不正，虽令不从。”这句话用到管理界就是说，如果管理者能够做出正面的表率，那么不用下令，员工也会自动跟着管理者行动起来；相反，如果管理者不能以身作则，却严格要求员工去做，那么即使规定再严格，员工也不会服从。管理者是员工的榜样和标尺，他们的一举一动都会影响到员工。如果管理者能够在工作中以身作则，遇到问题时积极寻找方法解决，不找任何借口，那么员工们也会这样做；如果管理者在问题面前先做了“逃兵”，他们又怎么能指望员工迎难而上？

2. 杜绝员工任何一次找借口的机会

我们知道在工作中“找借口”的危害很大，不仅会令员工工作效率降低、责任心减弱、发挥不出他们应有的潜能，还会使他们养成撒谎、拖延等不良习惯。所以，我们要避免员工在工作中找借口，而要做到这一点，我们就要弄清楚他们为什么会找借口。员工在工作中找借口无非是出于以下几个目的：为自己推卸责任、掩盖自己的过失、缺少责任感。因此，为了杜绝员工找借口，管理者可以从下面几个方面做起。

首先，培养员工的良好工作习惯，让他们明白只有解决问题，才能提

高工作效率，任何找借口的行为不仅会令公司的利益受损，对于员工个人也没有任何好处。

其次，让员工行动起来。有位哲人说：“生活中只有两种人：要么努力工作，要么不停辩解。”当员工把时间花在行动上时，他们将没有空闲去为自己找借口、辩解。因此，管理者应该让员工积极投入到工作当中，让他们行动起来。

最后，培养员工敢于负责的精神。敢于负责的人是不屑于为困难找借口的，因为他们有一种荣誉感，在遇到困难时，他们会想尽一切办法解决困难，而不会找借口推卸责任使自己的荣誉受损。

3. 赏罚分明，鼓励员工找方法，不给员工留“找借口”的空间

在前面的例子中我们能够看到，迈克因为想出一个绝妙的推销产品的方法，给公司带来了大量收益，因此总裁不仅让他升职，还给了他一大笔奖金；而杨星则因为总是在工作中找借口被企业家炒了鱿鱼。这就是管理者“赏罚分明”的表现，能够对员工起到一种威慑的作用，能够让员工深刻地意识到：只有想办法解决问题，才能使个人获得发展，否则就只有离开公司。在这种威慑作用下，当遇到问题时，员工就会积极寻找解决的方法，而不会用借口来逃避自己的责任。

率领员工找方法是管理者的一项重要责任，这种做法能够提升员工在工作当中的积极性、培养他们的责任感，从而提升整个团队的战斗力，实现团队的发展。

如何对待离职员工

员工一旦决定离职，勉强留下的，很难留住心，一旦离职了也不必搞成像仇人一样，或是瞬间就冷落对方。如何让离职的员工感动地离开，就算离开后依然发自内心的感恩公司，依然到处说公司或老板的好。

到底该如何对待离职的员工，有五种方法供大家参考：

- 给他舒服：发离职流程简介，一步到位，不为难、不算计；

- 给他感谢信：加盖公章，感谢付出，欢迎回来；
- 给他推荐函：说明其优势，让员工传播企业文化；
- 给他送行饭：部门组织，把他变成朋友、甚至是客户；
- 给他离职赠言，保持联系，让在职的员工暖心。

对待留不住的员工，我们要向三国时有雄才大略的曹操学习，曹操才是真正的用人大家。

视才如命的曹操面对自己苦心笼络过来的关羽这个人才要离开自己，于心不忍，且不说自己赠予关羽以战袍、战马，而且一旦让关羽离开自己，就有可能又培养一个竞争对手，可眼光高远的曹操，虽下属劝其追赶之，甚至“擒之”，可曹操还是遵守诺言，放走了关羽，并带人赶上关羽，还为其送行，致使曹操手下战将无不怨气冲天。

可后来事后证明，曹操的这种惜才、爱才、重才，并恪守诚信的做法，是一种高远的眼光，并由此才有了曹操在《火烧赤壁》中，虽败走华容道，而被念旧情的关羽放走的感人场面。如果没有曹操的情，也难有华容道的义，更别说后来魏国的强大。

其实，曹操才是真正的用人大家。首先，曹操是识才的。英雄惺惺相惜。面对重情、重义而能力超群的关羽，曹操是由衷赞叹的，并想方设法约其加盟。

其次，曹操是爱才的。在关羽陷入绝境时，曹操属下张辽前去劝降，关羽提出了“降汉不降曹、按皇叔待遇对其嫂嫂，一旦得知哥哥消息，将投奔之”，条件几近苛刻，可曹操却答应了，并且还赠以赤兔马。

再次，曹操是重才的。在关羽斩了颜良、文丑后，曹操立即表奏汉献帝，封其为“汉寿亭侯”，体现了曹操的重才之心。

最后，曹操是惜才的。在曹操千方百计地挽留关羽不成时，任凭下属劝其杀之、擒之，曹操依然按照“劳动协议”，决定放走关羽，表现了曹操的惜才之情，曹操为此送了关羽一大人情。

曹操在历史上，是一个有争议的人物，有人称其为“枭雄”，也有人评价其“奸诈、毒辣”，但曹操又不失为一个地地道道的“企业家”，其通过“诗赋”打造的企业文化，与员工共舞、共鸣，诚信、识才、爱才，注重团队士气打造，尤其是厚待离职下属的做法，是当今很多企业需要学习并借鉴的。

真正智慧的人会把离职者转变成另一种支持的力量。而普通的领导者在气愤中会很痛苦地制造了一个对手，并常年重复着这样的管理手法。

让员工成为解决问题的高手

在法国著名作家罗曼·罗兰的长篇小说《约翰·克利斯朵夫》里面有这样一句话：“很多人在二三十岁的时候就死去了，因为过了这个年龄，他们只是重复地生活在自己的影子里。”这句话我们也可以理解为：人在二三十岁的时候就已经解决了人生的所有问题，此后，他们的人生已经没有问题。人只要活着就会遇到各种各样的问题，而我们也在不断重复“遇到问题——解决问题”这一过程，如果我们的生活中没有问题了，那么人生也就没有意义了。

所以我常说“有些人 30 岁就死了，80 岁才埋”。

同样，企业在发展过程中也遵循着这样一个规律：遇到问题—解决问题—发展—再遇到问题……只要企业存在，它就会遇到各种问题，而解决了这些问题，我们的企业才能够进一步发展，而一旦企业没有问题了，那么证明这个企业也就快要灭亡了。

由于员工是企业的承载体，所以企业的问题需要由员工共同解决，那样才能实现企业的发展，所以管理者要将员工培养为解决问题的高手。

1. 要让员工明白，只有能解决问题的人，才能成为做大事的人

我们知道，医生和护士都在医院工作，但是他们的收入却差别很大。为什么？因为医生负责解决问题，而护士只是负责协助发现问题；医生解决的都是大问题，而护士解决的只是小问题。同样，在公司中，一线的生产工人只拿较少的工资，因为他们只负责生产上的小问题；部门经理拿高

点的工资，因为他们负责人员调配，负责处理部门的问题；总裁拿最高的工资，因为他解决的是整个公司所有员工的问题。这说明：能解决问题的人才能赚钱，不解决问题的不赚钱；能解决大问题的赚大钱，只能解决小问题的赚小钱。很多员工害怕面对问题，殊不知，只有在解决问题的过程中，才能够体现出一个人的价值。

2. 从问题中寻找解决方法

有些员工常抱怨遇到的问题太复杂，不知道从何处下手。其实，很多问题中就蕴含着解决的方法，只要我们仔细寻找，就能找到。而管理者需要将这种“从问题中寻找解决方法”的方法教给员工，让他们自行解决问题。

某电器公司生产出来一种新的电器设备，企业家要求技术部门写一份详细的“产品使用手册”。三天后，技术部经理向企业家上交了一本将近一百页的“产品使用手册”。企业家在仔细看了这份使用说明后，发现里面写的都是些偏重于理论方面的知识，不仅晦涩难懂，而且对实际使用并没有太大的帮助。于是，企业家将技术部门经理叫到办公室，明确告诉他：这个产品使用手册编写的有问题，需要重新写。

听到企业家这样评价，技术部经理有点着急了：这可是经过深思熟虑，花费了三天时间才编写出来的，怎么会有问题？于是向企业家请教。

企业家问他：“咱们这个产品生产出来是干什么的？”

技术部经理：“当然是给顾客使用的。”

企业家继续问：“你觉得所有的客户都像你一样是工程师吗？”

技术部经理：“不是的，很多客户大概连电路图都看不明白。”

企业家：“咱们设计出这个新产品是为了方便顾客使用，现在你编写的这本使用手册很多人都看不懂，怎么能指导顾客使用产品？”

技术部经理听到这里，明白了问题的所在，于是马上回去进行了修改。不到半天时间，他就将手册重新交给了企业家，这次改的只剩下不到十页，但是里面讲的全是最简单的操作技巧，非常实用。企业家看过之后非常满意，并称赞他干得不错。

很多问题其实并不复杂，我们通过研究问题本身就能从中找出解决的方法，关键在于我们能不能行动起来，能不能认真地钻研问题。

3. 引导员工跳过问题找方法

关键时刻让思维倒立起来，也许问题就在一瞬间显现。

有些问题本身确实很复杂，要想解决掉这样的问题，会耗费大量的人力、物力。对于这样的问题，我们也许可以跳过问题本身，从另外一个角度寻找解决的方法。

第二次世界大战时，为了防御德国的进攻，法国花费巨资在德法边境线上构筑了一条坚固的防御工事，被称为“世界上最坚固的防御”，这就是我们所熟知的马奇诺防线。

1940 年，德军开始筹划进攻法国，但是坚固的马奇诺防线令德国参谋部的官员感到头疼：太坚固了，而且有重兵把守，要想从这里进攻很难成功。当德国众多将军为这条防线感到发愁时，有德国国防军“最优秀的将领”之称的曼施坦因提出了自己的作战计划：绕开这条令人讨厌的防线，从法国没有设防的阿登山地区进军，这将大大降低战斗的难度。希特勒看到这样的作战计划非常满意，就决定实施这个作战计划。

历史证明，曼施坦因的这个作战计划是非常有效的：德军成功攻破法国首都巴黎，迫使法国在投降书上签字。而此时的马奇诺防线，还依旧矗立在原来的位置。

这个例子告诉我们，对于某些复杂的问题，我们完全可以绕开它，寻找另外的解决方法，而不必纠结于一种方法，毕竟我们要的是最终的结果，而不是解决问题的过程。

4. 鼓励员工善用资源解决问题

除了上面提到的两种解决问题的方法，我们还可以利用身边任何可以利用的资源去解决问题。当然，资源不是越多越好，而应该是有用的资源越多越好。

一个小孩在他的玩具沙箱里摆弄沙子，沙箱里面有他很多玩具，包括一些小汽车、塑料铲子、小水桶等。这次，他在玩一个修公路的游戏。在修“路”的过程中，他在沙箱底部发现了一块大石头。本着要将公路修的平整的愿望，小家伙想将这块大石头挖走。于是，他开始挖石头周围的沙子，希望能够将它先从沙子中挖出来。

对于这么小的一个孩子来说，这块石头确实有点大，不过在他的不懈努力下，再加上小铲子的帮助，终于将石头旁边的沙子运走了。然后，他将石头推到沙箱的内侧边缘，企图把它从沙箱中推出去，因为它太占地方了。

小孩子连推带抬，但还是无法把石头推出去，因为石头太重了。但是孩子不死心，使出全身的力气一次又一次尝试着推动石头。在最后一次推动石头的过程中，由于石头从沙箱边缘滑落，砸伤了孩子的手指，孩子疼得大哭起来。

父亲在玻璃窗后面看到了孩子推石头的整个过程，但是他没有过来帮忙，直到孩子哭起来，他才从屋里出来。父亲走到孩子旁边，擦着孩子的眼泪对他说：“你为什么不使出全部的力量呢？”

孩子委屈地回答：“爸爸，我已经尽力了，所有的力气我都用上了。”

父亲亲切地纠正道：“不对，孩子，你还没有用上全部的力量，因为你并没有请求我的帮助。”说完，父亲弯下腰，很轻松地从沙箱里将石头拿了出来。

个人的能力总是有限的，当遇到问题时，要想解决它也许对你来说非常困难，但是如果能够充分利用身边能够利用的资源，可能就会很容易解决了。

李文研究生毕业后到一家通信公司上班，负责通信技术研发。在一个大项目中，他遇到了一些技术上的难题。对于这些技术难题，李文研究了很长时间，但总是无法找到适当的解决方法。眼看原本进展顺利的项目要在自己这里卡壳，李文感到很着急。

技术部经理一直关注着李文的研究进度，发现他的工作这几天没有任何进展，就亲自向他询问。李文诚实地告诉经理，自己遇到了技术方面的难题，一直想不到解决方法。在谈话即将结束时，技术部经理随口问了一句："你为什么不向你的导师请教呢？也许他知道解决的方法。"

这句话令李文茅塞顿开，他立刻给自己的导师打电话，向他求助。导师在听到他对问题的描述后，很快给出了解决方案。随后，李文采用导师提供的方案顺利解决了问题，并帮助公司很快完成了那个项目。

"君子性非异也，善假于物也"，只要是能够有助于解决问题的资源，我们都应该善加利用，以便更快、更有效地解决遇到的问题。

5. 鼓励员工敢于解决问题

在企业里做事，什么时候才是最锻炼人的时候？最锻炼人的时候就是你解决问题的过程。张燕琴是三为盛世张掖分公司的总经理，她时常教导员工的一句话就非常令人触动："解决问题就是成长的过程，就是长本事的过程，不解决问题就是原地踏步。"这句话一度在公司总部传为佳话。

要问解决问题的方法，我们说只要能够将问题解决掉的，就是好方法。就像小平同志说的那样"不管黑猫白猫，能抓老鼠就是好猫"。方法是有了，但是员工敢不敢去面对问题、敢不敢用那些方法去做，就成了最重要的前提。如果员工不敢去做，那么即使有再多解决问题的方法也没用。就像是你要过河，面前放着很多船让你选择，但是你怕船在水中翻了，就是不敢上船，那怎么能过得了河？因此，在教导员工寻求解决问题的方法的同时，还要培养他们敢于面对问题、敢于解决问题的勇气和精神。

另外还要问自己一句话：面对问题我们在企业到底扮演了什么角色：

（1）制造问题者

制造问题者就是企业原本没问题，但因为你的存在却出现了问题，这种人在企业里没有任何价值，有也是负价值。

（2）发现问题者

这种人比制造问题者稍有价值，但这种人在企业里多是扮演了只动嘴不动手的角色。

（3）解决问题者

这是企业里最有价值的一种员工，也是企业里最有前途的员工，正是这样的无数的员工正在推动着我们的企业向前走，他们不仅自己成长速度最快，更重要的是他们在企业获得尊严，因为他们值。

只有让员工不断解决问题，才能帮助他们成长；同时为企业做出实际的贡献，只有引导员工寻找解决问题的更大意愿和有效方法，才能够使他们的工作更有效率和价值。

“借尸还魂”，让将才生生不息

成大业者都是把灵魂复制给他人，难成大业者都是把方法复制给他人。

优秀的企业家就把自己的灵魂思想复制给很多人，不是复制产品，不是复制机制，所以今天改变思维，不是简单复制模式，不是复制机制，不是哪个程序的复制。是复制什么呢？是复制老板的思维和血性。假如今天一个老板很有梦想，就会花时间，把身边的几个人也变得很有梦想，而他们的梦想跟老板一模一样。原因就在于有大梦想的人吸引梦想小的人，梦想小的人吸引没梦想的人。

举例说今天我是少林寺的，我是少林派掌门人管策大师，今天我坐船去云游四海，同船遇到你们几个人没有帮派的，后来跟我一起游学两三天之后，从骨子里到灵魂深处，都认可少林派，学少林禅宗、少林拳法，穿少林僧人服装，然后决定和我一起发扬少林，学少林文化。同样做企业掌门人也要有这个本事，能把别人变成自己。借尸还魂就是把自己的灵魂，放在别人的身体上的思维方式。

想把事业做大就要有这个本事，像马云、雷军、史玉柱等商界风云人物都是“借尸还魂”的高手，只要给他们机会张嘴，他们的思想就立刻影响你，变成你的思想，最终让你的思想跟着他的思想走。

而金字塔式的“借尸还魂”就是作为老板我首先影响自己身边的几个核心人物，（作为老板就是复制这种和自己一样的人）这几个核心人物再去影响外围更多关键人物，这些企业的关键人物再去影响身边千千万万的人，企业何愁做不大呢！

有一次我去参观一家专门给养老院开发软件的公司，那个团队的负责人叫王涛。王总是我交往多年的朋友，是个非常有思想的领导，他那天开会的场景让我眼前一亮，那叫个绝啊。那天王总一开场就一句话：“今天例会其他领导不做任何发言，今天例会的主角是我们销售部前三名，掌声有请横扫江湖的销售大侠东邪、西毒和南帝！”一听这名号就让你兴奋、让你热血沸腾。

雄壮的音乐响起，掌声雷动，那三名“大侠”就在这样的情景中登场了。都讲自己实战经验，讲怎么收集客户名单，讲怎么说服客户，讲怎么抗拒解除，讲怎么收到订金等。听的下面员工都入神了，有几个员工都兴奋地直接站着听完了。真是太有收获了，一些员工昨天也遇到类似这情况，当时不会处理，今天一听全明白该怎么做了。

原来王总提前让这三个人就去准备的，说下周一你们讲讲怎么成为这个月冠军，怎么赚到钱的？这三个就去准备，还私下一遍一遍练习。你会发现同样的话，从这些人嘴里出来就更有杀伤力了。如果把参加开会的这些员工，把最有感受的派到下面分公司去分享、去影响，就这样层层传递、层层复制，这种势将会是怎样的一种能量呢?

我总结他这种方式也是“借尸还魂”，通过在企业树立标杆人物，先培养出几个核心力量，然后由这几个核心力量用自己创造的结果去影响更多的人。

假如今天我决定要影响一万人，先从我身边这几十人开始。我的思路就是，我说完一万人之后，直接复制给身边几十人，他们很多人想影响很多人，加一起就变成一个裂变思维，也就是把我的思维复制在他们的身上，用他们的躯体、肉体来执行我的思维。

所以如果你是一个企业领袖，一个领导或老板，你就要慢慢朝这个方向触摸带团队的核心，朝这个方向去锻炼、去修炼、去引导，那就代表你已经开始入门了，如果到一定阶段彻底上道了，你企业的发展就会有一日千里的进步，这种势挡都挡不住。